초등
어휘가 문해력이다

초등 2학년 1학기

교과서 어휘 완성

⬇ 정답과 해설은 EBS 초등사이트(primary.ebs.co.kr)에서 다운로드 받으실 수 있습니다.

교 재 내 용 문 의	교재 내용 문의는 EBS 초등사이트 (primary.ebs.co.kr)의 교재 Q&A 서비스를 활용하시기 바랍니다.	교 재 정 오 표 공 지	발행 이후 발견된 정오 사항을 EBS 초등사이트 정오표 코너에서 알려 드립니다. 교재 검색 ▶ 교재 선택 ▶ 정오표	교 재 정 정 신 청	공지된 정오 내용 외에 발견된 정오 사항이 있다면 EBS 초등사이트를 통해 알려 주세요. 교재 검색 ▶ 교재 선택 ▶ 교재 Q&A

초등

어휘가 문해력이다

초등 2학년 1학기

교과서 어휘 완성

교과서 내용을 이해하지 못하는 우리 아이?
평생을 살아가는 힘, '문해력'을 키워 주세요!

'어휘가 문해력이다'
어휘 학습으로 문해력 키우기

1 교과서 학습 진도에 따라
교과별(국어/나·자연·마을·세계/수학)·학기별(1학기/2학기)로 어휘 학습이 가능합니다.

교과 학습을 위한 필수 개념어를 단원별로 선별하여 단원의 핵심 내용을 이해하도록 구성하였습니다.
교과 학습 전 예습 교재로, 교과 학습 후 복습 교재로 활용할 수 있도록 필수 개념어를 엄선하여 수록
하였습니다.

2 교과 어휘를 학년별 2권, 한 학기별 4주 학습으로
단기간에 어휘 학습이 가능합니다.

한 학기에 250여 개의 낱말을 공부할 수 있습니다.
쉬운 뜻풀이와 교과서 내용을 담은 다양한 예문을 수록하여 학교 공부에 직접적으로 도움을 주고자
하였습니다.
해당 학기에 학습해야 할 중요 낱말을 모두 모아 한 번에 살펴볼 수 있고, 국어사전에서 낱말을 찾는
시간과 노력을 줄일 수 있습니다.

3 **맞춤법, 표준 발음, 비슷한말, 반대말, 한자 어휘 학습까지 가능합니다.**

글을 읽고 쓰는 데 도움이 되는 어법과 맞춤법으로 받아쓰기 능력을 강화할 수 있도록 구성하였습니다.
초등 급수 한자(7~8급) 어휘를 통해 한자 어휘 학습까지 놓치지 않도록 구성하였습니다.

4 **확인 문제와 주간 어휘력 테스트를 통해 학습한 어휘를 점검할 수 있습니다.**

뜻풀이와 예문을 통해 학습한 어휘를 교과 어휘별로 바로바로 점검할 수 있도록 다양한 유형의 확인
문제를 수록하였습니다.
한 주 동안 학습한 어휘를 종합적으로 점검할 수 있는 주간 어휘력 테스트를 수록하였습니다.

5 **효율적인 교재 구성으로 자기 주도 학습 및 가정 학습이 가능합니다.**

학습한 어휘를 해당 교재에서 쉽게 찾아볼 수 있도록 과목별로 '찾아보기' 코너를 구성하였습니다.
'정답과 해설'은 자세한 해설을 실어 스스로 공부할 수 있도록 하였습니다.

EBS 〈당신의 문해력〉 교재 시리즈는 약속합니다.

교과서를 잘 읽고 더 나아가 많은 책과 온갖 글을 읽는 능력을 갖출 수 있도록
문해력을 이루는 핵심 분야별, 학습 단계별 교재를 준비하였습니다.
한 권 5회×4주 학습으로 아이의 공부하는 힘,
평생을 살아가는 힘을 EBS와 함께 키울 수 있습니다.

어휘가 문해력이다

어휘 실력이 교과서를 읽고 이해할 수 있는지를 결정하는 척도입니다.
〈어휘가 문해력이다〉는 교과서 진도를 나가기 전에 꼭 예습해야 하는 교재입니다.
20일이면 한 학기 교과서 필수 어휘를 완성할 수 있습니다.
교과서 수록 필수 어휘들을 교과서 진도에 맞춰
날짜별, 과목별로 공부하세요.

쓰기가 문해력이다

쓰기는 자기 생각을 표현하는 미래 역량입니다.
서술형, 논술형 평가의 비중은 점점 커지고 있습니다.
객관식과 단답형만으로는 아이들의 생각과 미래를 살펴볼 수 없기 때문입니다.
막막한 쓰기 공부. 이제 단어와 문장부터 하나씩 써 보며 차근차근 학습하는
〈쓰기가 문해력이다〉와 함께 쓰기 지구력을 키워 보세요.

ERI 독해가 문해력이다

독해를 잘하려면 체계적이고 객관적인 단계별 공부가 필수입니다.
기계적으로 읽고 문제만 푸는 독해 학습은 체격만 키우고 체력은 미달인 아이를 만듭니다.
〈ERI 독해가 문해력이다〉는 특허받은 독해 지수 산출 프로그램을 적용하여 글의 난이도를
체계화하였습니다.
단어 · 문장 · 배경지식 수준에 따라 설계된 단계별 독해 학습을 시작하세요.

배경지식이 문해력이다

배경지식은 문해력의 중요한 뿌리입니다.
하루 두 장, 교과서의 핵심 개념을 글과 재미있는 삽화로 익히고 한눈에 정리할 수 있습니다.
시간이 부족하여 다양한 책을 읽지 못하더라도 교과서의 중요 지식만큼은 놓치지 않도록
〈배경지식이 문해력이다〉로 학습하세요.

디지털독해가 문해력이다

디지털독해력은 다양한 디지털 매체 속 정보를 읽어 내는 힘입니다.
아이들이 접하는 디지털 매체는 매일 수많은 정보를 만들어 내기 때문에
디지털 매체의 정보를 판단하는 문해력은 현대 사회의 필수 능력입니다.
〈디지털독해가 문해력이다〉로 교과서 내용을 중심으로 디지털 매체 속 정보를 확인하고
다양한 과제를 해결해 보세요.

이 책의 구성과 특징

1

교과서 어휘 국어/나·자연·마을·세계/수학

교과목·단원별로 교과서 속 중요 어휘와 관련 어휘, 비슷한말, 반대말 등으로 교과 어휘 강화!

한자 어휘

초등 급수 한자(7~8급)로 한자 어휘 강화!

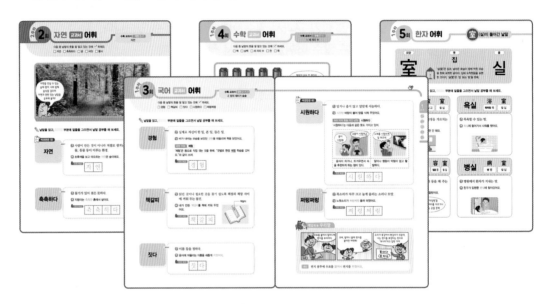

- 교과서 속 핵심 어휘를 엄선하여 뜻과 예문을 이해하기 쉽게 제시했어요.
- 어휘를 이해하는 데 도움이 되는 그림 및 사진 자료를 풍부하게 제시했어요.
- 자주 틀리는 맞춤법, 헷갈리는 우리말을 만화로 재미있게 구성하였어요.
- 한자 어휘를 폭넓게 이해할 수 있도록 같은 한자가 쓰인 낱말을 다양하게 제시했어요.

2

확인 문제

교과서(국어/나·자연·마을·세계/수학) 어휘, 한자 어휘 학습을 점검할 수 있는 다양한 유형의 확인 문제 수록!

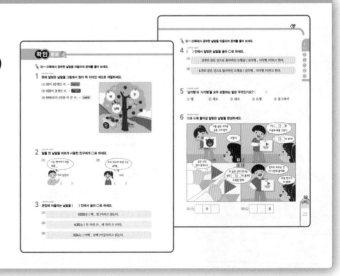

3

어휘력 테스트

한 주 동안 학습한 교과서 어휘,
한자 어휘를 종합적으로
점검할 수 있는 어휘력 테스트 수록!

다양한 유형의
어휘 문제로
한 주 마무리!

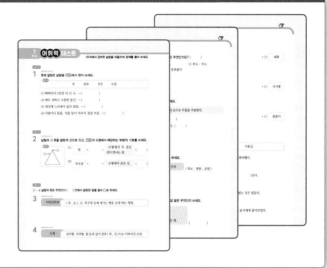

찾아보기

학습한 어휘를 찾아보기 쉽게 교과목별
ㄱ, ㄴ, ㄷ … 순서로 정리했어요.

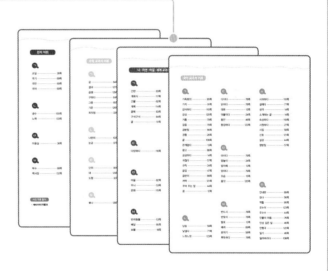

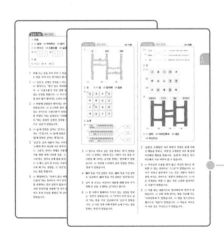

정답과 해설

정답에 자세한 해설을 실어 자기 주도 학습과 학습
지도를 수월히 할 수 있도록 했어요.

【부록】 •  학습 확인 붙임딱지 회마다 학습을 끝내고 붙임딱지를 골라 붙여 보세요.

• 날·말·모·음·판 본교재에 수록된 이것만은 꼭! 어휘로 꾸민 낱말 모음판으로 어휘 학습을 마무리해 보세요.

초등 2학년 1학기
교과서 연계 목록

✏️ 『어휘가 문해력이다』 초등 2학년 1학기에 수록된 어휘는 초등학교 2학년 1학기 국어, 나·자연·마을·세계, 수학 교과서에 실려 있습니다.

✏️ 교과서 연계 목록을 살펴보면 과목별 교과서의 단원명에 따라 학습할 교재의 쪽을 한눈에 파악할 수 있습니다.

교과서 진도 순서에 맞춰 교재에서 해당하는 학습 회를 찾아 효율적으로 공부해 보세요!

이 책의 차례

"
어휘가 문해력이다
어휘 학습으로 문해력 키우기
"

 안녕하세요. 저는 AI 학습도우미 초등 푸리봇입니다.
로그인 후에 푸리봇이 추천하는 학습 정보를 확인해 보세요.

1 주차 어휘 미리 보기

한 주 동안 공부할 어휘들이야. 쏙 한번 훑어볼까?

1회 국어 교과서 어휘

꿈	소개하는 글
발표	궁금하다
말차례	성격
대화	모습
관계없다	특징

학습 계획일 ( ) 월 ( ) 일

2회 나 교과서 어휘

보물	정형외과
스스로	이비인후과
화나다	쑤시다
습관	세균
성장	양치하다

학습 계획일 ( ) 월 ( ) 일

3회 국어 교과서 어휘

말놀이	경험
덧붙이다	책갈피
규칙	짓다
장소	시원하다
줄줄이	쩌렁쩌렁

학습 계획일 ( ) 월 ( ) 일

4회 수학 교과서 어휘

백	도형
삼백	삼각형
세 자리 수	변
천	꼭짓점
쪽	사각형

학습 계획일 ( ) 월 ( ) 일

5회 한자 어휘

교실	복도
욕실	차도
미용실	인도
병실	철도

학습 계획일 ( ) 월 ( ) 일

어휘력 테스트

다음 중 낱말의 뜻을 잘 알고 있는 것에 ✔ 하세요.

☐ 꿈 ☐ 발표 ☐ 말차례 ☐ 대화 ☐ 관계없다

✏️ 낱말을 읽고, ▨ 부분에 밑줄을 그으면서 낱말 공부를 해 보세요.

꿈

뜻 앞으로 이루고 싶은 것.

예 내 꿈은 아픈 동물을 치료해 주는 수의사예요.

✏️ 따라 써요! 꿈

> 잠자는 동안에 여러 가지를 보고 듣는 것도 '꿈'이라고 해. "무서운 꿈을 꾸었어요."와 같이 쓰여.

발표

뜻 세상에 드러내어 널리 알림.

예 수업 시간에 내 꿈에 대해 발표했어요.

> 저는 과학자가 되고 싶습니다. 그 까닭은……

✏️ 따라 써요! 발 표

말차례

뜻 말하는 사람과 듣는 사람이 서로 말을 주고받을 때 지키는 순서.

예 선생님과 이야기를 나누는데 민아가 말차례를 지키지 않고 끼어들었어요.

✏️ 따라 써요! 말 차 례

 **이것만은 꼭!**

대화

뜻 마주 대하여 이야기를 주고받음.

예 친구들과 소중히 여기는 물건에 대해 대화했어요.

 따라 써요!

대	화

관계없다

뜻 서로 아무런 관련이 없다.

예 친구와 대화할 때 대화 내용과 관계없는 말을 하지 않아요.

뜻이 비슷한 말 상관없다

'상관없다'는 "서로 아무런 관련이나 관계가 없다."라는 뜻이야. '관계없다'와 '상관없다'는 뜻이 비슷해서 서로 바꾸어 쓸 수 있어.

 **따라 써요!**

관	계	없	다

자주 틀리는 맞춤법

예문 우리 엄마께서 끓여 주신 김치찌개가 세상에서 제일 맛있어요.

다음 중 낱말의 뜻을 잘 알고 있는 것에 ☑ 하세요.

☐ 소개하는 글　☐ 궁금하다　☐ 성격　☐ 모습　☐ 특징

 낱말을 읽고, 　　　 부분에 밑줄을 그으면서 낱말 공부를 해 보세요.

이것만은 꼭!

소개하는 글

뜻 남이 잘 모르는 사실이나 내용에 대해 알려 주기 위해 쓴 글.

예 자신을 소개하는 글에는 이름, 잘하는 것, 좋아하는 것 등을 써요.

관련 어휘 **자기소개**

'자기소개'는 처음 만난 사람에게 자기의 이름, 자기가 잘하거나 좋아하는 것 등을 말하여 알리는 것을 뜻해.

따라 써요!

| 소 | 개 | 하 | 는 | 글 |

궁금하다

뜻 무엇이 무척 알고 싶다.

예 정우의 발표를 들으면서 정우가 왜 고래를 좋아하는지 궁금했어요.

따라 써요!

| 궁 | 금 | 하 | 다 |

성격

뜻 한 사람이 원래부터 가지고 있는 성질.

예 저는 성격이 꼼꼼해서 준비물을 빠짐없이 잘 챙겨요.

따라 써요!

| 성 | 격 |

모습

뜻 사람의 생긴 모양.

예 저는 키가 크고 안경을 쓴 모습이에요.

'모습'은 자연이나 사물 등의 겉으로 나타난 모양을 뜻하기도 해. "바닷속 모습은 신비로워요."와 같이 쓰여.

✏️ 따라 써요!

모	습

특징

뜻 다른 것에 비해 특별히 눈에 뜨이는 점.

예 우리 집 강아지는 귀가 아주 큰 것이 특징이에요.

뜻이 비슷한 말 특색

'특색'은 보통의 것과 다른 점을 뜻해. '특징'과 '특색'은 뜻이 비슷해서 서로 바꾸어 쓸 수 있어.

✏️ 따라 써요!

특	징

헷갈리는 우리말

예문 개가 컹컹 짖는 소리에 깜짝 놀랐어요.

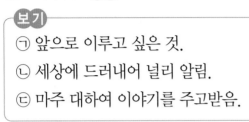

12~13쪽에서 공부한 낱말을 떠올리며 문제를 풀어 보세요.

1 [243004-0001]
낱말의 뜻을 보기에서 찾아 사다리를 타고 내려간 곳에 기호를 쓰세요.

보기
㉠ 앞으로 이루고 싶은 것.
㉡ 세상에 드러내어 널리 알림.
㉢ 마주 대하여 이야기를 주고받음.

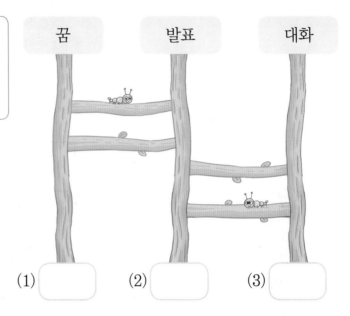

꿈   발표   대화

(1) ☐   (2) ☐   (3) ☐

2 [243004-0002]
밑줄 친 낱말과 뜻이 비슷한 말은 무엇인가요? (   )

현서가 피자를 먹고 싶다며 수업 내용과 <u>관계없는</u> 말을 했다.

① 끝없는   ② 맛없는   ③ 힘없는
④ 재미없는   ⑤ 상관없는

3 [243004-0003]
(   ) 안에 알맞은 낱말을 보기에서 찾아 쓰세요.

보기
꿈   발표   말차례

(1)
나는 커서 축구 선수가 되는 것이 (   )이다.

(2)
친구들과 이야기를 나눌 때 (   )를 얻기 위해 손짓을 했다.

(3)
내가 소중하게 생각하는 물건에 대해 친구들 앞에서 (   )를 했다.

14~15쪽에서 공부한 낱말을 떠올리며 문제를 풀어 보세요.

[243004-0004]

4 뜻에 알맞은 낱말을 글자판에서 찾아 묶으세요. (낱말은 가로(─), 세로(│) 방향에 숨어 있어요.)

성	격	투	궁
벽	화	분	금
시	모	빙	하
계	습	수	다

❶ 사람의 생긴 모양.
❷ 무엇이 무척 알고 싶다.
❸ 한 사람이 원래부터 가지고 있는 성질.

[243004-0005]

5 빈칸에 알맞은 말을 쓰세요.

> 남이 잘 모르는 사실이나 내용에 대해 알려 주기 위해 쓴 글을 '☐☐하는 글'이 라고 한다.

[243004-0006]

6 빈칸에 들어갈 알맞은 낱말을 찾아 선으로 이으세요.

(1) 나는 ☐☐이 급한 편이어서 무슨 일이든 서두른다. ·

· ㉠ 궁금

(2) 서준이가 좋아하는 음식이나 물건이 무엇인지 ☐☐했다. ·

· ㉡ 특징

(3) 사자의 수컷은 뒷머리와 앞가슴에 갈기가 있 는 것이 ☐☐이다. ·

· ㉢ 성격

1회 끝!
붙임딱지

다음 중 낱말의 뜻을 잘 알고 있는 것에 ✔ 하세요.

☐ 보물 ☐ 스스로 ☐ 화나다 ☐ 습관 ☐ 성장

거울에 비친 내 모습을 보고 "나는 누굴까?" 하고 궁금해한 적이 있을 거야. '나'와 관련 있는 낱말을 공부하며 내가 누군지 알아보자.

✏️ 낱말을 읽고, ▢ 부분에 밑줄을 그으면서 낱말 공부를 해 보세요.

보물

뜻 매우 귀하고 소중한 물건.

예 내 보물은 할아버지께서 사 주신 팽이예요.

✏️ 따라 써요!

보	물

스스로

뜻 누구의 도움을 받지 않고 자신의 힘으로.

예 나는 스스로 신발 끈을 묶을 수 있어요.

✏️ 따라 써요!

스	스	로

화나다

뜻 아주 싫거나 미워서 기분이 나빠지다.

예 나는 화났을 때 얼굴이 빨개지고 눈물이 나요.

✏ 따라 써요!

화	나	다

습관

뜻 오랫동안 자꾸 하면서 저절로 몸에 익혀진 행동.

예 나는 소파에 누워 텔레비전을 보는 습관을 고치고 싶어요.

뜻이 비슷한 말　버릇

'버릇'은 오랫동안 자꾸 해 몸에 익숙해진 행동을 뜻해. '습관'과 '버릇'은 뜻이 비슷해서 서로 바꾸어 쓸 수 있어.

✏ 따라 써요!

습	관

이것만은 꼭!

성장

뜻 사람이나 동물, 식물 등이 자라서 점점 커짐.

예 나의 성장 과정을 그림으로 그려 보았어요.

✏ 따라 써요!

성	장

다음 중 낱말의 뜻을 잘 알고 있는 것에 ✓ 하세요.

☐ 정형외과 ☐ 이비인후과 ☐ 쑤시다 ☐ 세균 ☐ 양치하다

🖋 낱말을 읽고, 부분에 밑줄을 그으면서 낱말 공부를 해 보세요.

 **이것만은 꼭!**

정형외과

뜻 근육이나 뼈 등에 생기는 병을 낫게 하는 병원.
　🔎 사람이나 동물의 몸을 움직이게 하는 힘줄과 살을 뜻해.
예 다리의 뼈가 부러져서 정형외과에 갔어요.

관련 어휘 **치과, 안과**

• 치과: 이와 입안 등에 생기는 병을 낫게 하는 병원.
• 안과: 눈에 생기는 병을 낫게 하는 병원.

🖊 따라 써요!

정	형	외	과

이비인후과

뜻 귀, 코, 목구멍 등에 생기는 병을 낫게 하는 병원.

예 귀가 아플 때에는 이비인후과에 가야 해요.

🖊 따라 써요!

이	비	인	후	과

쑤시다

뜻 몸이 바늘로 찌르는 것처럼 아프다.

예 학교에서 배가 콕콕 쑤셔서 보건실에 갔어요.

글자는 같지만 뜻이 다른 낱말 **쑤시다**

'쑤시다'는 "손가락으로 콧구멍을 쑤셔서 피가 났어요."와 같이 쓰이기도 해. 이때에는 "꼬챙이 같은 것으로 찌르거나 돌려 파내다."라는 뜻이야.

✏ 따라 써요!

쑤	시	다

세균

뜻 동물과 식물을 병에 걸리게 하거나 음식을 썩게 하는 아주 작은 생물.

예 병을 일으키는 세균이 우리 몸속에 들어오지 않도록 조심해야 해요.

뜻이 비슷한 말 **균**

'균'도 '세균'과 비슷한 뜻을 가지고 있어. 그래서 '세균'과 '균'은 서로 바꾸어 쓸 수 있어.

✏ 따라 써요!

세	균

양치하다

뜻 이를 닦고 물로 입안을 깨끗이 씻어 내다.

예 밥을 먹고 난 후 양치했더니 입안이 개운해요.

이를 닦고 물로 입안을 깨끗이 씻어 내는 일을 '양치질'이라고 해. 그래서 '양치하다' 대신에 '양치질하다'라고 해도 돼.

✏ 따라 써요!

양	치	하	다

✏️ 18~19쪽에서 공부한 낱말을 떠올리며 문제를 풀어 보세요.

1 [243004-0007]
낱말의 뜻을 찾아 선으로 이으세요.

(1) 스스로 •

(2) 화나다 •

(3) 성장 •

• ㉠ 아주 싫거나 미워서 기분이 나빠지다.

• ㉡ 누구의 도움을 받지 않고 자신의 힘으로.

• ㉢ 사람이나 동물, 식물 등이 자라서 점점 커짐.

2 [243004-0008]
밑줄 친 낱말과 뜻이 비슷한 말은 무엇인가요? (   )

나는 하루에 30분 넘게 책을 읽어.

참 좋은 습관을 가졌구나!

① 그릇　　② 버릇　　③ 버섯
④ 생각　　⑤ 시간

3 [243004-0009]
빈칸에 들어갈 낱말은 무엇인지 알맞은 글자를 모두 골라 ○표 하세요.

(1) 나는 부모님의 도움을 받지 않고 ☐☐☐ 목욕할 수 있다.

스　혼　스　로　코

(2) 나는 건강하게 ☐☐하여 1학년 때보다 키가 자라고 몸무게도 늘었다.

바　손　노　성　장

(3) 다른 무엇과도 바꿀 수 없는 내 ☐☐은 친구에게 선물 받은 곰 인형이다.

구　보　생　물　축

20~21쪽에서 공부한 낱말을 떠올리며 문제를 풀어 보세요.

[243004-0010]

4 낱말의 뜻을 보기 에서 찾아 사다리를 타고 내려간 곳에 기호를 쓰세요.

보기
㉠ 몸이 바늘로 찌르는 것처럼 아프다.
㉡ 이를 닦고 물로 입안을 깨끗이 씻어 내다.
㉢ 근육이나 뼈 등에 생기는 병을 낫게 하는 병원.
㉣ 동물과 식물을 병에 걸리게 하거나 음식을 썩게 하는 아주 작은 생물.

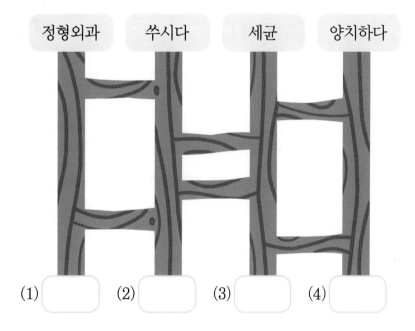

정형외과　쑤시다　세균　양치하다

(1) ☐　(2) ☐　(3) ☐　(4) ☐

[243004-0011]

5 문장에 어울리는 낱말을 (　) 안에서 골라 ○표 하세요.

(1) (양념 , 양치)할 때에는 이의 안쪽도 잘 닦아야 한다.

(2) 콧물이 나고 목이 아파서 (안과 , 이비인후과)에 갔다.

(3) 손에는 병을 일으키는 (세균 , 세탁)이 있으므로 손을 자주 깨끗이 씻어야 한다.

(4) 할아버지께서 비가 오니 다리가 (쑤신다고 , 어지럽다고) 하셔서 다리를 주물러 드렸다.

다음 중 낱말의 뜻을 잘 알고 있는 것에 ☑ 하세요.

☐ 말놀이 ☐ 덧붙이다 ☐ 규칙 ☐ 장소 ☐ 줄줄이

 낱말을 읽고, [   ] 부분에 밑줄을 그으면서 낱말 공부를 해 보세요.

말놀이

뜻 말을 주고받으며 즐기는 놀이.

예 친구에게 해 주고 싶은 말을 다섯 글자로 말하는 말놀이를 했어요.

✏️ 따라 써요! | 말 | 놀 | 이 |

미소가 예뻐.
넌 정말 멋져.
노래를 잘해.

이것만은 꼭!

덧붙이다

뜻 원래 있던 것에 다른 것을 더하다.

예 동물원에 있는 동물을 떠올려 '말 덧붙이기 놀이'를 했어요.

동물원에 가면 사자도 있고.
→
동물원에 가면 사자도 있고, 토끼도 있고.
→
동물원에 가면 사자도 있고, 토끼도 있고, 코끼리도 있고.

✏️ 따라 써요! | 덧 | 붙 | 이 | 다 |

규칙

뜻 여러 사람이 다 같이 지키기로 정한 법칙.
　　🖐 반드시 지켜야 하는 원칙을 말해.

예 '말 덧붙이기 놀이'를 할 때에는 새로운 말을 덧붙이지 못하면 그다음 친구에게 차례를 넘겨야 한다는 규칙을 지켜야 해요.

✏️ 따라 써요! | 규 | 칙 |

장소

뜻 일이 일어나거나 일을 하는 곳.

예 놀이터, 운동장 등 여러 장소에서 볼 수 있는 물건의 이름을 떠올려 말놀이를 했어요.

따라 써요!

장	소

1
주차

1회
2회
3회
4회
5회

줄줄이

뜻 줄지어 계속.

예 앞 문장과 내용이 이어지도록 한 문장씩 이어 가는 '줄줄이 이야기 만들기 놀이'를 했어요.

따라 써요!

줄	줄	이

자주 틀리는 맞춤법

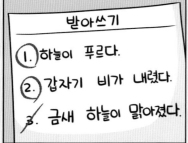

받아쓰기

1. 하늘이 푸르다.
2. 갑자기 비가 내렸다.
3. 금새 하늘이 맑아졌다.

3번이 왜 틀렸는지 모르겠어.

'금새'가 아니라 '금세'야.

언제 이렇게 바뀌었지?

원래 그랬어.

도움말 '지금 바로'를 뜻하는 말은 '금새'가 아니라 '금세'라고 써야 해요.

다음 중 낱말의 뜻을 잘 알고 있는 것에 ✔ 하세요.

☐ 경험　☐ 책갈피　☐ 짓다　☐ 시원하다　☐ 쩌렁쩌렁

✎ 낱말을 읽고, 　　　 부분에 밑줄을 그으면서 낱말 공부를 해 보세요.

경험

뜻 실제로 자신이 한 일, 본 일, 들은 일.

예 비가 내리는 모습을 보았던 경험을 떠올리며 책을 읽었어요.

관련 어휘　체험

'체험'은 몸으로 직접 겪는 것을 뜻해. "갯벌로 현장 체험 학습을 갔어요."와 같이 쓰여.

✏ 따라 써요!

경	험

책갈피

뜻 읽던 곳이나 필요한 곳을 찾기 쉽도록 책장과 책장 사이에 끼워 두는 물건.

예 내가 만든 책갈피를 책에 끼워 두었어요.

책갈피

✏ 따라 써요!

책	갈	피

짓다

뜻 이름 등을 정하다.

예 음식에 어울리는 이름을 새롭게 지었어요.

✏ 따라 써요!

짓	다

시원하다

뜻 덥거나 춥지 않고 알맞게 서늘하다.

예 시원한 바람이 불어 땀을 식혀 주었어요.

여러 가지 뜻을 가진 낱말 시원하다

'시원하다'는 다음과 같은 뜻도 가지고 있어.

음식이 차거나, 뜨거우면서 속을 후련하게 하는 점이 있다.	말이나 행동이 막힘이 없고 활발하다.

 따라 써요!

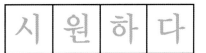

쩌렁쩌렁

뜻 목소리가 자꾸 크고 높게 울리는 소리나 모양.

예 노랫소리가 쩌렁쩌렁 울려 퍼졌어요.

따라 써요!

쩌	렁	쩌	렁

예문 편지 봉투에 우표를 붙여서 편지를 부쳤어요.

✏️ 24~25쪽에서 공부한 낱말을 떠올리며 문제를 풀어 보세요.

1 [243004-0012]
뜻에 알맞은 낱말이 되도록 보기에서 알맞은 글자를 찾아 쓰세요.

보기

규   소   줄

(1) 줄지어 계속. → [   ] 줄 이

(2) 일이 일어나거나 일을 하는 곳. → 장 [   ]

(3) 여러 사람이 다 같이 지키기로 정한 법칙. → [   ] 칙

2 [243004-0013]
그림을 보고 (   ) 안에서 알맞은 낱말을 골라 ○표 하세요.

문구점에 가면 공책도 있고.

문구점에 가면 공책도 있고, 색연필도 있고.

준우

• 준우는 '문구점에 가면 공책도 있고'를 반복한 뒤에 '색연필도 있고'를 (반복했다 , 덧붙였다).

3 [243004-0014]
문장에 어울리는 낱말을 (   ) 안에서 골라 ○표 하세요.

(1) "개울가에 왔다."에서 (장소 , 장사)를 나타내는 말인 '개울가'를 '놀이터'로 바꾸었다.

(2) 친구들과 함께 "사과는 빨개." "빨가면 고추장."과 같이 비슷한 것을 떠올려서 말을 이어 가는 (공놀이 , 말놀이)를 했다.

✏️ 26～27쪽에서 공부한 낱말을 떠올리며 문제를 풀어 보세요.

4 [243004-0015]

뜻에 알맞은 낱말을 글자판에서 찾아 묶으세요. (낱말은 가로(―), 세로(ㅣ) 방향에 숨어 있어요.)

책	가	방	짓
갈	경	험	다
피	구	매	미
쩌	렁	쩌	렁

❶ 이름 등을 정하다.
❷ 실제로 자신이 한 일, 본 일, 들은 일.
❸ 목소리가 자꾸 크고 높게 울리는 소리나 모양.
❹ 읽던 곳이나 필요한 곳을 찾기 쉽도록 책장과 책장 사이에 끼워 두는 물건.

5 [243004-0016]

밑줄 친 낱말과 같은 뜻으로 쓰인 것에 ○표 하세요.

에어컨을 켜니까 집 안이 시원해.

(1) "방금 끓인 찌개 국물이 시원하네." (　　　)

(2) "시원한 나무 그늘 아래에서 쉬자." (　　　)

(3) "어유, 답답해. 시원하게 대답해 봐." (　　　)

6 [243004-0017]

(　　) 안에 알맞은 낱말을 보기에서 찾아 쓰세요.

┌ 보기 ─────────────────────────────┐
　　　　　경험　　　　책갈피　　　　쩌렁쩌렁
└───────────────────────────────┘

(1) 우리나라 팀을 응원하는 소리가 경기장에 (　　　　　) 울려 퍼졌다.

(2) 책에 (　　　　　)를 끼워 두면 어디까지 읽었는지 표시할 수 있다.

(3) 나도 이야기 속 아이처럼 얼음물을 마시며 시원하다고 느꼈던 (　　　　　)이 있다.

다음 중 낱말의 뜻을 잘 알고 있는 것에 ☑ 하세요.

☐ 백 ☐ 삼백 ☐ 세 자리 수 ☐ 천 ☐ 쪽

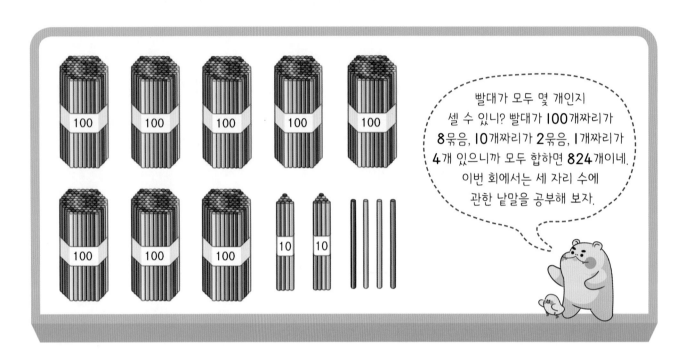

빨대가 모두 몇 개인지 셀 수 있니? 빨대가 100개짜리가 8묶음, 10개짜리가 2묶음, 1개짜리가 4개 있으니까 모두 합하면 824개네. 이번 회에서는 세 자리 수에 관한 낱말을 공부해 보자.

✏️ 낱말을 읽고, ▨▨ 부분에 밑줄을 그으면서 낱말 공부를 해 보세요.

백

🔵 **뜻** 10이 10개인 수.

🟠 **예** 10이 10개이면 100이고, 100은 백이라고 읽어요.

✏️ 따라 써요!

백

10이 10개

⬇️⬆️

100

삼백

🔵 **뜻** 100이 3개인 수.

🟠 **예** 100이 3개이면 300이고, 300은 삼백이라고 읽어요.

✏️ 따라 써요!

삼	백

100 100 100

🐻 **이것만은 꼭!**

세 자리 수

🟦 **뜻** 백의 자리까지 있는 수.

🟩 **예** 543은 백의 자리가 5, 십의 자리가 4, 일의 자리가 3인 세 자리 수예요.

백의 자리	십의 자리	일의 자리
5	4	3

⬇️⬆️

백의 자리	십의 자리	일의 자리
5	0	0
	4	0
		3

✏️ **따라 써요!**

세	자	리	수

천

🟦 **뜻** 999보다 1만큼 더 큰 수.

🟩 **예** 999보다 1만큼 더 큰 수는 1000이고, 1000은 천이라고 읽어요.

991 → 992 → 993 → 994 → 995 →
996 → 997 → 998 → 999 → 1000

✏️ **따라 써요!**

천

쪽

🟦 **뜻** 책, 신문, 문서 등의 면을 세는 말.

🟩 **예** 도서관에서 100쪽이 넘는 책을 찾아보았어요.

'쪽'과 '페이지'는 뜻이 같은 말이야. '100쪽'을 '100페이지'라고 해도 돼.

✏️ **따라 써요!**

쪽

1 주차
1회
2회
3회
4회
5회

다음 중 낱말의 뜻을 잘 알고 있는 것에 ☑ 하세요.

☐ 도형 ☐ 삼각형 ☐ 변 ☐ 꼭짓점 ☐ 사각형

여러 가지 도형을 이용해 그린 그림이네. 도형이 무엇이냐고? 이제부터 도형과 관련 있는 낱말을 공부해 볼 거니까 눈 크게 뜨고 따라오렴!

✏️ 낱말을 읽고, ▭ 부분에 밑줄을 그으면서 낱말 공부를 해 보세요.

이것만은 꼭!

도형

🔖 뜻 삼각형, 사각형, 원 등과 같이 점과 선으로 이루어진 모양.

예 여러 가지 **도형** 중 삼각형에 대해 배웠어요.

✏️ 따라 써요!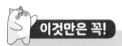

도	형

삼각형

🔖 뜻 3개의 곧은 선으로 둘러싸인 도형.

예 **삼각형**을 이용해 배를 그렸어요.

✏️ 따라 써요!

삼	각	형

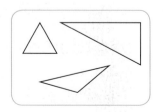

▲ 삼각형

변

뜻 도형에서 곧은 선.

예 삼각형은 **변**이 3개예요.

따라 써요!

변

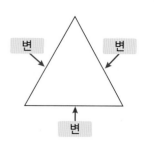

꼭짓점

뜻 도형에서 두 곧은 선이 만나는 점.

예 삼각형은 **꼭짓점**이 3개예요.

바르게 발음하기 **꼭짓점**

'꼭짓점'을 [꼭지점]이나 [꼭찌점]으로 발음하는 것은 잘못된 거야. '꼭짓점'은 [꼭찌쩜] 또는 [꼭찓쩜]으로 발음해야 해.

따라 써요!

꼭	짓	점

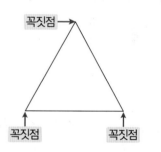

사각형

뜻 4개의 곧은 선으로 둘러싸인 도형.

예 **사각형**의 변과 꼭짓점은 4개씩이에요.

따라 써요!

사	각	형

▲ 사각형

✏️ 30~31쪽에서 공부한 낱말을 떠올리며 문제를 풀어 보세요.

1 [243004-0018]
뜻에 알맞은 낱말을 그림에서 찾아 짝 지어진 색으로 색칠하세요.

(1) 10이 10개인 수. – 파란색

(2) 100이 3개인 수. – 빨간색

(3) 999보다 1만큼 더 큰 수. – 노란색

2 [243004-0019]
밑줄 친 낱말을 바르게 사용한 친구에게 ○표 하세요.

(1) 나는 옛이야기 책을 102쪽까지 읽었어.

(   )

(2) 우리 학교의 학생 수는 478쪽이야.

(   )

3 [243004-0020]
문장에 어울리는 낱말을 (   ) 안에서 골라 ○표 하세요.

(1) 1000은 (백 , 천)이라고 읽는다.

(2) 635는 (두 자리 수 , 세 자리 수)이다.

(3) 324는 (이백 , 삼백)이십사라고 읽는다.

✏ 32~33쪽에서 공부한 낱말을 떠올리며 문제를 풀어 보세요.

1
주차

1회
2회
3회
4회
5회

4 [243004-0021]
( ) 안에서 알맞은 낱말을 골라 ○표 하세요.

(1) 　3개의 곧은 선으로 둘러싸인 도형을 (삼각형 , 사각형)이라고 한다.

(2) 　4개의 곧은 선으로 둘러싸인 도형을 (삼각형 , 사각형)이라고 한다.

5 [243004-0022]
'삼각형'과 '사각형'을 모두 포함하는 말은 무엇인가요? (　)

① 별　　　　② 세모　　　③ 네모　　　④ 도형　　　⑤ 동그라미

6 [243004-0023]
㉠과 ㉡에 들어갈 알맞은 낱말을 완성하세요.

(1) ㉠ 　　각 　　　　　　(2) ㉡ 　　　점

4회 끝!
붙임딱지

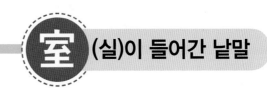
室 (실)이 들어간 낱말

모양	뜻	음
室	집	실

'실(室)'은 집과, 날아온 화살이 땅에 박힌 모습을 합해 표현한 글자야. 집에 도착했음을 표현한 것이지. '실(室)'은 '집' 또는 '방'을 뜻해.

✏️ '室(실)'이 들어간 낱말을 읽고, ▢▢ 부분에 밑줄을 그으면서 낱말 공부를 해 보세요.

교실

教	室
가르칠 교	집 실

뜻 학교에서 선생님이 학생을 가르치는 방.

예 교실에서 큰 소리로 떠들면 안 돼요.

욕실

浴	室
목욕할 욕	집 실

뜻 목욕할 수 있는 방.

예 욕실에 들어가서 샤워를 했어요.

미용실

美	容	室
아름다울 미	얼굴 용	집 실

뜻 머리를 자르거나 파마 등을 해 주는 곳.

예 미용실에서 머리를 짧게 잘랐어요.

'미용실' 대신 '미장원'을 써도 돼. '미장원'도 머리를 자르거나 파마 등을 해 주는 곳을 뜻해.

병실

病	室
병 병	집 실

뜻 병원에서 환자가 지내는 방.

예 친구가 입원한 병실에 찾아갔어요.

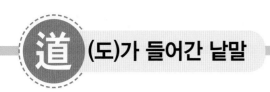

道 (도)가 들어간 낱말

모양	뜻	음
道	길	도

길

'도(道)'는 길과, 사람의 머리 모습을 합해 표현한 글자야. 사람이 다니는 길을 표현한 것이지. '도(道)'는 '길'을 뜻해.

✏️ '道(도)'가 들어간 낱말을 읽고, 부분에 밑줄을 그으면서 낱말 공부를 해 보세요.

복도 — 複(겹칠 복) 道(길 도)

🔹 건물 안에서 여러 방으로 통하게 만들어 놓은 길.

예 복도에서 옆 반 친구를 만났어요.

차도 — 車(수레 차) 道(길 도)

🔹 자동차가 다니는 길.

예 자동차가 차도 위를 쌩쌩 달려요.

인도 — 人(사람 인) 道(길 도)

🔹 사람이 다니는 길.

예 오토바이가 인도로 다니면 사람들이 다칠 수 있어요.

뜻이 비슷한 말 보도

'보도'는 사람이 걸어 다닐 수 있게 만든 길을 뜻해. '인도'와 '보도'는 뜻이 비슷해서 서로 바꾸어 쓸 수 있어.

철도 — 鐵(쇠 철) 道(길 도)

🔹 기차가 다니는, 쇠로 만든 길.

예 철도 위로 기차가 빠르게 지나갔어요.

✏️ 36쪽에서 공부한 낱말을 떠올리며 문제를 풀어 보세요.

[243004-0024]

1 낱말의 뜻을 찾아 선으로 이으세요.

(1) 교실 •

(2) 욕실 •

(3) 병실 •

• ㉠ 목욕할 수 있는 방.

• ㉡ 병원에서 환자가 지내는 방.

• ㉢ 학교에서 선생님이 학생을 가르치는 방.

[243004-0025]

2 빈칸에 알맞은 낱말을 [   ]에 있는 글자로 만들어 쓰세요.

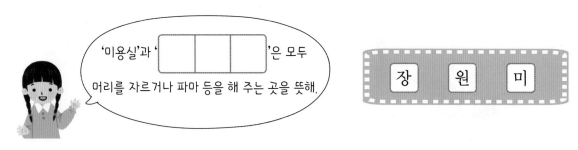

'미용실'과 '☐☐☐'은 모두 머리를 자르거나 파마 등을 해 주는 곳을 뜻해.

장   원   미

[243004-0026]

3 문장에 어울리는 낱말을 (   ) 안에서 골라 ○표 하세요.

(1) (교실 , 욕실)에 있는 욕조에 물을 받아 목욕을 했다.

(2) (병실 , 화장실)에는 몸이 아픈 사람들이 누워 있었다.

(3) 할머니께서 흰머리를 까맣게 물들이기 위해 (미용실 , 보건실)에 가셨다.

✏️ 37쪽에서 공부한 낱말을 떠올리며 문제를 풀어 보세요.

[243004-0027]

4 뜻에 알맞은 낱말을 보기 에서 찾아 사다리를 타고 내려간 곳에 쓰세요.

보기

복도   차도   철도

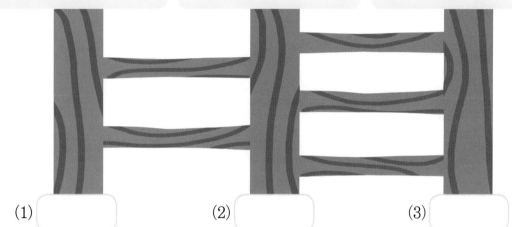

자동차가 다니는 길.

기차가 다니는, 쇠로 만든 길.

건물 안에서 여러 방으로 통하게 만들어 놓은 길.

(1) [   ]   (2) [   ]   (3) [   ]

[243004-0028]

5 문장에 어울리는 낱말을 (   ) 안에서 골라 ○표 하세요.

(1) 기차는 항상 (복도 , 철도) 위를 달린다.

(2) (인도 , 차도)를 건널 때에는 반드시 횡단보도로 건너야 한다.

[243004-0029]

6 빈칸에 들어갈 알맞은 낱말을 <u>두 개</u> 고르세요. (,   )

수진: 정은이가 오토바이에 부딪혔다는 소식 들었어?

영훈: 응. 오토바이가 차도로 다니지 않고 사람이 다니는 [   ]로 달려서 사고가 났나 봐.

① 철도   ② 파도   ③ 지도

④ 인도   ⑤ 보도

1주차에서 공부한 낱말을 떠올리며 문제를 풀어 보세요.

낱말 뜻

1 [243004-0030]

뜻에 알맞은 낱말을 보기 에서 찾아 쓰세요.

보기

천   발표   성장   보물

(1) 999보다 1만큼 더 큰 수. → (   )

(2) 매우 귀하고 소중한 물건. → (   )

(3) 세상에 드러내어 널리 알림. → (   )

(4) 사람이나 동물, 식물 등이 자라서 점점 커짐. → (   )

낱말 뜻

2 [243004-0031]

낱말과 그 뜻을 알맞게 선으로 잇고, 보기 의 도형에서 해당하는 부분의 기호를 쓰세요.

(1) 변 •   • 도형에서 두 곧은 선이 만나는 점.   (   )

(2) 꼭짓점 •   • 도형에서 곧은 선.   (   )

낱말 뜻

3 ~ 4 낱말의 뜻은 무엇인지 (   ) 안에서 알맞은 말을 골라 ○표 하세요.

3 [243004-0032]

이비인후과   (귀 , 눈), 코, 목구멍 등에 생기는 병을 낫게 하는 병원.

4 [243004-0033]

도형   삼각형, 사각형, 원 등과 같이 점과 (색 , 선)으로 이루어진 모양.

5 [243004-0034]

뜻이 비슷한 말끼리 짝 지어진 것이 <u>아닌</u> 것은 무엇인가요? (   )

① 특징 – 특색   ② 습관 – 버릇   ③ 복도 – 차도

④ 인도 – 보도   ⑤ 관계없다 – 상관없다

6 [243004-0035]

밑줄 친 낱말의 뜻으로 알맞은 것에 ○표 하세요.

의자에 부딪힌 무릎이 <u>쑤셔서</u> 손으로 무릎을 주물렀다.

(1) 몸이 바늘로 찌르는 것처럼 아프다. (   )

(2) 꼬챙이 같은 것으로 찌르거나 돌려 파내다. (   )

7 [243004-0036]

▨▨▨▨ 안의 낱말을 모두 포함하는 말에 ○표 하세요.

정형외과   이비인후과   치과   안과   (학교 , 병원 , 공원)

8 [243004-0037]

낱말의 뜻을 살펴보고 빈칸에 공통으로 들어갈 말은 무엇인지 쓰세요.

• 욕☐: 목욕할 수 있는 방.

• 병☐: 병원에서 환자가 지내는 방.

• 교☐: 학교에서 선생님이 학생을 가르치는 방.   (   )

9 ~ 11 빈칸에 들어갈 알맞은 낱말을 찾아 선으로 이으세요.

9 [243004-0038]

 수첩이 [   ] 모양이다. •

• ㉠ 대화

10 [243004-0039]

 소시지가 [   ] 이어져 있다. •

• ㉡ 사각형

11 [243004-0040]

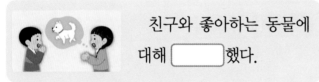 친구와 좋아하는 동물에 대해 [   ] 했다. •

• ㉢ 줄줄이

낱말 활용

12 ~ 15 (   ) 안에 알맞은 낱말을 보기 에서 찾아 쓰세요.

> 보기
>
> 쪽   화   궁금   미용실

12 [243004-0041]
고모는 (   )에서 머리를 곱슬곱슬하게 파마했다.

13 [243004-0042]
나는 친구들이 내가 싫어하는 별명을 부르면 (   )난다.

14 [243004-0043]
80(   )이나 되는 동화책을 하루 만에 읽는 것은 힘들다.

15 [243004-0044]
윤서가 키우는 강아지의 이름이 (   )해 윤서에게 물어보았다.

2주차 어휘 미리 보기

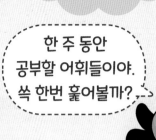

한 주 동안 공부할 어휘들이야. 쓱 한번 훑어볼까?

1회 국어 교과서 어휘

꾸며 주는 말	일기
실감	동안
우수수	인상 깊은 일
조롱조롱	글감
힘차다	화창하다

학습 계획일 ◯ 월 ◯ 일

2회 자연 교과서 어휘

자연	야영
축축하다	접다
굴	무늬
씨앗	흉내
황사	반려동물

학습 계획일 ◯ 월 ◯ 일

3회 국어 교과서 어휘

겹받침	장면
품삯	분위기
얹다	시집
귀찮다	낭송
쌍받침	토박이말

학습 계획일 ◯ 월 ◯ 일

4회 수학 교과서 어휘

원	구하다
본뜨다	값
조각	합
앞	차
나란히	그중

학습 계획일 ◯ 월 ◯ 일

5회 한자 어휘

세수	국민
수건	국어
박수	국기
악수	천국

학습 계획일 ◯ 월 ◯ 일

어휘력 테스트

다음 중 낱말의 뜻을 잘 알고 있는 것에 ✔ 하세요.

☐ 꾸며 주는 말 ☐ 실감 ☐ 우수수 ☐ 조롱조롱 ☐ 힘차다

 낱말을 읽고, ▨▨▨ 부분에 밑줄을 그으면서 낱말 공부를 해 보세요.

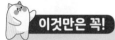 이것만은 꼭!

꾸며 주는 말

🟦뜻 뒤에 오는 말을 꾸며 주어 그 뜻을 자세하게 해 주는 말.

🟦예 '노란 우산'에서 '노란'은 '우산'을 꾸며 주는 말이에요.

> '멋있는 거북선'에서 '멋있는',
> '새가 훨훨 날아간다'에서 '훨훨'도
> 꾸며 주는 말이야.

✏️따라 써요!

꾸	며		주	는		말

실감

🟦뜻 실제인 것처럼 느끼는 것.

🟦예 꾸며 주는 말을 사용하면 느낌을 실감 나게 표현할 수 있어요.

✏️따라 써요!

실	감

우수수

🟦뜻 바람에 나뭇잎 등이 많이 떨어지는 소리나 모양.

🟦예 노랗게 물든 나뭇잎이 우수수 떨어져요.

✏️따라 써요!

우	수	수

조롱조롱

뜻 작은 열매 등이 많이 매달려 있는 모양.

예 땅콩이 조롱조롱 매달려 있어요.

✏️ 따라 써요!

조	롱	조	롱

힘차다

뜻 힘이 있고 씩씩하다.

예 멋진 말이 힘차게 달려요.

뜻이 비슷한 말 **기운차다**

'기운차다'는 "힘이 가득하고 넘치는 듯하다."라는 뜻이야. '힘차다'와 '기운차다'는 뜻이 비슷해서 서로 바꾸어 쓸 수 있어.

✏️ 따라 써요!

힘	차	다

자주 틀리는 맞춤법

도움말 '갑짜기'는 '갑자기'라고 써야 해요.

다음 중 낱말의 뜻을 잘 알고 있는 것에 ✔ 하세요.

☐ 일기 ☐ 동안 ☐ 인상 깊은 일 ☐ 글감 ☐ 화창하다

✎ 낱말을 읽고,　　부분에 밑줄을 그으면서 낱말 공부를 해 보세요.

일기

뜻 날마다 그날그날 겪은 일이나 생각, 느낌 등을 적은 글.

예 정빈이는 저녁마다 일기를 쓰며 하루를 정리해요.

✏ 따라 써요!

| 일 | 기 |

동안

뜻 어느 한때에서 다른 한때까지 시간의 길이.

예 일기를 쓰려고 하루 동안 겪은 일을 떠올려 보았어요.

✏ 따라 써요!

| 동 | 안 |

이것만은 꼭!

인상 깊은 일

뜻 자신이 겪은 일 가운데에서 가장 기억에 남는 일.

예 오늘 인상 깊은 일은 달리기를 하다가 넘어진 일이에요.

관련 어휘 　인상

'인상'은 어떤 대상에 대해 마음속에 새겨지는 느낌을 뜻해. "그 아이는 밝고 씩씩해서 인상에 남아요."와 같이 쓰여.

✏ 따라 써요!

| 인 | 상 | 깊 | 은 | 일 |

글감

뜻 글의 내용이 되는 이야깃거리.

예 선생님께 칭찬받은 일을 글감으로 일기를 썼어요.

뜻이 비슷한 말 소재

글의 내용이 되는 재료를 '소재'라고 해. '글감'과 '소재'는 뜻이 비슷해서 서로 바꾸어 쓸 수 있어.

따라 써요!

글	감

화창하다

뜻 날씨가 맑고 따뜻하며 바람이 부드럽다.

예 어제는 비가 왔는데 오늘은 날씨가 화창해요.

화창한 봄날의 거리 모습이야.

따라 써요!

화	창	하	다

헷갈리는 우리말

'내 생각 써 오기' 숙제 했어?

물론이지!

짠!

이가 섞지 않도록 양치질을 잘하자!

이가 어떻게 섞이니? '섞지'가 아니라 '썩지'라고 써야지.

앗, 실수했네!

예문 이가 썩어서 치과에서 치료를 받았어요.

✏️ 44~45쪽에서 공부한 낱말을 떠올리며 문제를 풀어 보세요.

1 [243004-0045]
빈칸에 알맞은 말을 쓰세요.

> '멋있는 거북선'에서 '멋있는'과 같이 뒤에 오는 말을 꾸며 주어 그 뜻을 자세하게 해
>
> 주는 말을 '☐☐ 주는 말'이라고 한다.

2 [243004-0046]
낱말의 뜻은 무엇인지 (   ) 안에서 알맞은 말을 골라 ○표 하세요.

(1)
실감
(실제 , 혼자)인 것처럼 느끼는 것.

(2)
힘차다
힘이 있고 (심술궂다 , 씩씩하다).

(3)
조롱조롱
작은 열매 등이 (많이 , 조금) 매달려 있는 모양.

(4)
우수수
바람에 나뭇잎 등이 많이 (물드는 , 떨어지는) 소리나 모양.

3 [243004-0047]
(   ) 안에 알맞은 낱말을 보기에서 찾아 쓰세요.

> **보기**
>
> 실감   우수수   조롱조롱

(1) 바람이 불자 단풍잎이 (   ) 떨어졌다.

(2) 하얗고 조그마한 꽃이 줄기마다 (   ) 매달려 있다.

(3) "사과를 먹었다."라는 문장보다 "사과를 아삭아삭 먹었다."라는 문장이 사과를 진짜로 먹는 것처럼 더 (   ) 난다.

46~47쪽에서 공부한 낱말을 떠올리며 문제를 풀어 보세요.

4 [243004-0048]
각 그림에 들어갈 글자를 모아 낱말을 완성하세요.

> • 글의 내용이 되는 이야깃거리를 '글 🙂'이라고 한다.
>
> • 날마다 그날그날 겪은 일이나 생각, 느낌 등을 적은 글을 '일 😊'라고 한다.
>
> • 어느 한때에서 다른 한때까지 시간의 길이를 '🙂 안'이라고 한다.
>
> • 날씨가 맑고 따뜻하며 바람이 부드러운 것을 '😊 창 하다'라고 한다.

(1) 🙂🙂 [　　|　　]　　　　(2) 🙂😊 [　　|　　]

5 [243004-0049]
밑줄 친 낱말과 뜻이 비슷한 말은 무엇인가요? (　　　　)

> 체육 시간에 달리기
> 시합을 한 일을 <u>글감</u>으로
> 일기를 썼어.

① 그림　　　　② 물감　　　　③ 소개

④ 소재　　　　⑤ 옷감

6 [243004-0050]
밑줄 친 낱말의 쓰임이 알맞으면 ○표, 알맞지 않으면 ✕표 하세요.

(1) 여름 방학 <u>동안</u> 수영을 배우고 싶다. (　　　　)

(2) 곧 비가 쏟아질 것처럼 날씨가 <u>화창해</u> 우산을 챙겼다. (　　　　)

(3) 이번 주에 <u>인상 깊은</u> 일은 전학 온 친구가 내 짝이 된 일이다. (　　　　)

1회 끝!
붙임딱지

다음 중 낱말의 뜻을 잘 알고 있는 것에 ✔ 하세요.

☐ 자연 ☐ 축축하다 ☐ 굴 ☐ 씨앗 ☐ 황사

자연을 만날 수 있는 숲에 왔어. 나와 함께 숲속을 걸으며 자연과 관련 있는 낱말을 공부해 볼까?

✏️ 낱말을 읽고, ▭ 부분에 밑줄을 그으면서 낱말 공부를 해 보세요.

 **이것만은 꼭!**

자연

🟢뜻 사람이 만든 것이 아니라 저절로 생겨난 산, 강, 바다, 식물, 동물 등이 이루는 환경.

🟢예 초록색을 보고 떠오르는 자연은 숲이에요.

✏️ 따라 써요!

자	연

축축하다

🟢뜻 물기가 있어 젖은 듯하다.

🟢예 지렁이는 축축한 흙에서 살아요.

✏️ 따라 써요!

축	축	하	다

굴

뜻 짐승들이 만들어 놓은 구멍.

예 두더지는 땅속에 굴을 파고 살아요.

글자는 같지만 뜻이 다른 낱말 굴

바다의 바위에 붙어서 사는, 껍데기가 울퉁불퉁하고 길쭉하게 생긴 조개도 '굴'이라고 해. "바닷가 바위에서 굴을 따요."와 같이 쓰여.

따라 써요!

굴

씨앗

뜻 곡식이나 채소, 꽃 등의 씨.

예 화분에 나팔꽃 씨앗을 심었더니 며칠 뒤 싹이 돋았어요.

뜻이 비슷한 말 씨

'씨'는 식물의 열매 속에 있는 단단한 부분으로 심으면 싹이 나는 것을 뜻해. '씨앗'과 '씨'는 뜻이 비슷해서 서로 바꾸어 쓸 수 있어.

따라 써요!

씨 앗

황사

뜻 중국 땅의 모래가 강한 바람으로 인해 날아올랐다가 내려오는 현상.

예 황사가 심한 날에는 밖에 나가지 않는 것이 좋아요.

관련 어휘 미세 먼지, 초미세 먼지

'미세 먼지'는 우리 눈에 보이지 않을 정도로 아주 작은 먼지를 뜻하고, '초미세 먼지'는 미세 먼지보다 더 작은 먼지를 뜻해.

따라 써요!

황 사

다음 중 낱말의 뜻을 잘 알고 있는 것에 ✔ 하세요.

☐ 야영 ☐ 접다 ☐ 무늬 ☐ 흉내 ☐ 반려동물

자연 속에서 놀자!
야영도 하고 동물과 식물의
무늬도 살펴보자.
동물의 움직임도 흉내 내어
보면 더 재미있겠지?

✏️ 낱말을 읽고, ▢▢ 부분에 밑줄을 그으면서 낱말 공부를 해 보세요.

야영

뜻 바깥에 천막을 치고 자거나 머무름.

예 지난 여름에 우리 가족은 개울 근처에서 야영을 했어요.

✏️ 따라 써요!

야	영

접다

뜻 천이나 종이 등을 꺾어서 겹치다.

예 색종이를 접어서 꽃을 만들었어요.

여러 가지 뜻을 가진 낱말 접다

'접다'는 "폈던 것을 본래의 모양으로 되게 하다."라는 뜻도 가지고 있어. "비가 그쳐서 우산을 접었어요."와 같이 쓰여.

✏️ 따라 써요!

접	다

무늬

뜻 물건의 겉면에 나타난 모양.

예 무당벌레는 검은 점 모양의 무늬가 있어요.

무당벌레

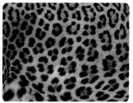
표범

나뭇잎

▲ 동물과 식물의 무늬

따라 써요!

무	늬

흉내

뜻 남이 하는 말이나 행동을 그대로 옮겨서 하는 일.

예 토끼가 깡충깡충 뛰는 모습을 흉내 내어 보았어요.

따라 써요!

흉	내

이것만은 꼭!

반려동물

뜻 가족처럼 생각해 가까이 두고 보살피며 기르는 동물.

예 나는 반려동물로 고양이를 키우고 싶어요.

'반려동물'에서
'반려'는 짝이 되는
친구를 뜻해.

따라 써요!

반	려	동	물

✏️ 50~51쪽에서 공부한 낱말을 떠올리며 문제를 풀어 보세요.

[243004-0051]

1 뜻에 알맞은 낱말을 글자판에서 찾아 묶으세요. (낱말은 가로(ー), 세로(ㅣ) 방향에 숨어 있어요.)

꼬	분	축	하
황	사	축	당
금	태	하	씨
자	연	다	앗

❶ 물기가 있어 젖은 듯하다.

❷ 곡식이나 채소, 꽃 등의 씨.

❸ 중국 땅의 모래가 강한 바람으로 인해 날아올랐다가 내려오는 현상.

❹ 사람이 만든 것이 아니라 저절로 생겨난 산, 강, 바다, 식물, 동물 등이 이루는 환경.

[243004-0052]

2 밑줄 친 낱말과 뜻이 비슷한 말은 무엇인가요? (   )

> 마당에 해바라기 씨앗을 심었다.

① 꽃   ② 싹   ③ 씨
④ 뿌리   ⑤ 열매

[243004-0053]

3 문장에 어울리는 낱말을 (   ) 안에서 골라 ○표 하세요.

(1) 토끼는 땅에 (굴 , 굽)을 파고 산다.

(2) 비를 맞은 머리카락이 (딱딱해서 , 축축해서) 수건으로 닦았다.

(3) 제주도에 가서 산, 바다 등 아름다운 (자석 , 자연)을 보고 감탄했다.

✏️ 52～53쪽에서 공부한 낱말을 떠올리며 문제를 풀어 보세요.

2
주차

1회
2회
3회
4회
5회

[243004-0054]

4 낱말의 뜻이 알맞으면 ○표, 알맞지 <u>않으면</u> ✕표 하세요.

(1) 야영 ── 쉬거나 건강을 위해서 천천히 걷는 일. ( )

(2) 흉내 ── 남이 하는 말이나 행동을 그대로 옮겨서 하는 일. ( )

(3) 반려동물 ── 가족처럼 생각해 가까이 두고 보살피며 기르는 동물. ( )

[243004-0055]

5 밑줄 친 낱말의 뜻으로 알맞은 것에 ○표 하세요.

종이를 접어서 비행기를 만들자.

(1) 천이나 종이 등을 꺾어서 겹치다. ( )

(2) 폈던 것을 본래의 모양으로 되게 하다. ( )

[243004-0056]

6 ( ) 안에 알맞은 낱말을 보기 에서 찾아 쓰세요.

> **보기**
>
> 무늬   흉내   반려동물

(1) 표범은 몸에 검고 꽃 모양 같은 ( )가 있다.

(2) 집에서 강아지, 고양이, 금붕어 등 ( )을 키우면 생활이 즐겁다.

(3) 개구리가 뛰는 모습을 ( ) 내기 위해 손바닥과 발바닥을 바닥에 붙이고 앉았다가 일어나면서 높이 뛰었다.

2회 끝!
붙임딱지

다음 중 낱말의 뜻을 잘 알고 있는 것에 ✓ 하세요.

☐ 겹받침 ☐ 품삯 ☐ 얹다 ☐ 귀찮다 ☐ 쌍받침

✏️ 낱말을 읽고,　　　　부분에 밑줄을 그으면서 낱말 공부를 해 보세요.

이것만은 꼭!

겹받침

뜻 'ㄳ', 'ㄼ', 'ㅄ'처럼 서로 다른 두 개의 자음으로 이루어진 받침.

예 '여덟'의 '덟'에는 겹받침 'ㄼ'이 쓰였어요.

바르게 발음하기 겹받침 'ㄼ'

겹받침 'ㄼ'은 말의 끝이나 자음 앞에서 [ㄹ]로 발음해. 따라서 '여덟'은 [여덜], '넓다'는 [널따]로 발음해.

✏️ 따라 써요!

| 겹 | 받 | 침 |

품삯

뜻 일한 값으로 받거나 주는 돈이나 물건.

예 젊은이는 농사일을 해 주고 품삯을 받았어요.

✏️ 따라 써요!

| 품 | 삯 |

'품삯'은 [품싹]으로 발음해.

얹다

뜻 위에 올려놓다.

예 선반에 인형을 얹었어요.

✏️ 따라 써요!

| 얹 | 다 |

'얹다'는 [언따]로 발음해.

귀찮다

뜻 싫고 자꾸 못살게 굴어 괴롭다.

예 함께 놀자고 졸졸 쫓아다니는 동생이 **귀찮아요**.

따라 써요!

귀	찮	다

'귀찮다'는 [귀찬타]로, '귀찮아요'는 [귀차나요]로 발음해.

2
주차

1회
2회
3회
4회
5회

쌍받침

뜻 'ㄲ', 'ㅆ', 'ㅉ'처럼 같은 자음이 겹쳐서 된 받침.

예 '낚시'의 '낚'에는 **쌍받침 'ㄲ'**이 쓰였어요.

바르게 발음하기   **쌍받침 'ㄲ'**

쌍받침 'ㄲ'은 말의 끝이나 자음 앞에서 [ㄱ]으로 발음해. 따라서 '낚시'는 [낙씨], '닭다'는 [닥따]로 발음해.

따라 써요!

쌍	받	침

자주 틀리는 맞춤법

거북아, 무슨 일 있어? 기분이 안 좋아 보여.

나를 느림보라고 하며 친구들이 수근거려.

내가 혼내 줄게!

거북은 '수군거리다'를 '수근거리다'라고 잘못 말해. 정말 무식해!

예문 친구들과 **수군거리며** 다른 사람을 헐뜯는 것은 옳지 않아요.

다음 중 낱말의 뜻을 잘 알고 있는 것에 ☑ 하세요.

☐ 장면 ☐ 분위기 ☐ 시집 ☐ 낭송 ☐ 토박이말

✏️ 낱말을 읽고, ▨ 부분에 밑줄을 그으면서 낱말 공부를 해 보세요.

장면

뜻 어떤 곳에서 무슨 일이 벌어지는 모습.

예 이 시를 읽으면 아기가 엄마 품에 안겨 잠을 자는 장면이 떠올라요.

✏️ 따라 써요!

장	면

 **이것만은 꼭!**

분위기

뜻 그 자리나 장면에서 느껴지는 기분.

예 이 시를 읽으면 바람이 풀을 감싸안는 장면에서 다정한 분위기가 느껴져요.

> 시의 분위기를 표현할 때에는
> 밝다, 어둡다, 따뜻하다, 고요하다, 떠들썩하다,
> 평화롭다, 쓸쓸하다, 편안하다, 슬프다, 즐겁다 등의
> 말을 사용해.

✏️ 따라 써요!

분	위	기

시집

뜻 여러 편의 시를 모아 만든 책.
🔖 시, 책, 영화 등을 셀 때 사용하는 말이야.

예 시집에서 가장 마음에 드는 시를 찾아보았어요.

✏️ 따라 써요!

시	집

낭송

뜻 크게 소리를 내어 글을 읽음.

예 조용한 시의 분위기를 생각하며 차분한 목소리로 시 낭송을 했어요.

뜻이 비슷한 말 낭독

'낭독'은 글을 소리 내어 읽는 것을 뜻해. '낭송'과 '낭독'은 뜻이 비슷해서 서로 바꾸어 쓸 수 있어.

따라 써요!

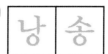

낭 송

토박이말

뜻 우리말에 원래 있던 낱말이나 그것을 활용해 새로 만든 낱말.

예 '해거름'은 해가 서쪽으로 넘어가는 때를 뜻하는 토박이말이에요.

뜻이 비슷한 말 고유어

'토박이말'을 '고유어'라고도 해. 그래서 '토박이말'과 '고유어'는 서로 바꾸어 쓸 수 있어.

하늘, 땅, 아버지, 어머니, 사랑, 꿈, 나무, 겨울 등도 토박이말이야.

따라 써요!

토 박 이 말

헷갈리는 우리말

뭉치랑 산책할 거면 뭉치 목에 목줄을 매고 가렴.

네.

가자, 뭉치야.

목줄을 왜 네 어깨에 메고 가니? 목줄을 뭉치 목에 둘러 풀어지지 않게 묶으라니까.

도움말 끈을 풀어지지 않게 묶는다는 뜻에는 '매다'를 쓰고, 물건을 어깨에 올려놓는다는 뜻에는 '메다'를 써요.

✏️ 56~57쪽에서 공부한 낱말을 떠올리며 문제를 풀어 보세요.

1 [243004-0057]
낱말의 뜻을 보기 에서 찾아 사다리를 타고 내려간 곳에 기호를 쓰세요.

보기
ㄱ 위에 올려놓다.
ㄴ 싫고 자꾸 못살게 굴어 괴롭다.
ㄷ 일한 값으로 받거나 주는 돈이나
물건.

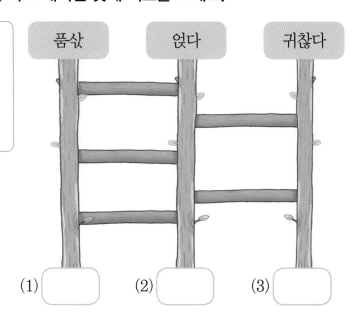

품삯   얹다   귀찮다

(1) [   ]   (2) [   ]   (3) [   ]

2 [243004-0058]
(   ) 안에서 알맞은 것을 골라 ○표 하세요.

'여덟'의 '덟'에는 (1) (겹받침 , 쌍받침) 'ㄼ'이 쓰였어.
'여덟'은 (2) ([여덜] , [여덥])(으)로 발음해.

3 [243004-0059]
문장에 어울리는 낱말을 (   ) 안에서 골라 ○표 하세요.

(1)
이마에 손을 (얹고 , 엎고) 열이 있는지 알아보았다.

(2)
몸이 너무 힘들어서 얼굴을 씻는 것도 (괜찮았다 , 귀찮았다).

(3)
집주인은 지붕을 고쳐 준 사람들에게 (품삯 , 시간)을 오만 원씩 주었다.

✏️ 58~59쪽에서 공부한 낱말을 떠올리며 문제를 풀어 보세요.

4 [243004-0060]

뜻에 알맞은 낱말을 보기에서 찾아 쓰세요.

┌─ 보기 ─────────────────────────────────────┐
│   장면   분위기   토박이말   │
└──┘

(1) [   ]   그 자리나 장면에서 느껴지는 기분.

(2) [   ]   어떤 곳에서 무슨 일이 벌어지는 모습.

(3) [   ]   우리말에 원래 있던 낱말이나 그것을 활용해 새로 만든 낱말.

5 [243004-0061]

밑줄 친 낱말과 뜻이 비슷한 말은 무엇인가요? (   )

┌──┐
│   내가 좋아하는 시를 친구들 앞에서 낭송했다.   │
└──┘

① 놀이   ② 낭독   ③ 대답
④ 생각   ⑤ 완성

6 [243004-0062]

빈칸에 들어갈 낱말은 무엇인지 알맞은 글자를 모두 골라 ○표 하세요.

(1) 시를 읽고 싶어서 [ ][ ]을 한 권 빌렸다.   │ 만 고 시 각 집

(2) 이 시를 읽으면 신나고 즐거운 [ ][ ][ ]가 느껴진다.   │ 분 바 위 기 장

(3) 시를 읽고 아이가 휘파람을 불며 학교에 가는 [ ][ ]이 떠올랐다.   │ 대 장 면 수 눈

다음 중 낱말의 뜻을 잘 알고 있는 것에 ✓ 하세요.

☐ 원 ☐ 본뜨다 ☐ 조각 ☐ 앞 ☐ 나란히

모양 자로 원을 그리는 친구도 있고, 쌓기나무를 쌓는 친구들도 있네. 원과 여러 가지 모양을 만들 때 필요한 낱말을 공부해 볼까?

✏️ 낱말을 읽고, ▢ 부분에 밑줄을 그으면서 낱말 공부를 해 보세요.

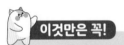 이것만은 꼭!

원

뜻 어느 쪽에서 보아도 동그란 모양의 도형.

예 동전은 원 모양이에요.

▲ 원

 시계, 단추, 훌라후프, 바퀴 등 우리 주변에는 원 모양으로 된 물건이 많아!

🖍️ 따라 써요! 원

본뜨다

뜻 이미 있는 것을 그대로 따라서 만들다.

예 둥근 컵으로 원을 본떠 그렸어요.

✏️ 따라 써요!

'본뜨다'를 '본따다'라고 하면 안 돼.

조각

뜻 한 물건에서 따로 떼어 내거나 떨어져 나온 작은 부분.

예 칠교 조각은 모두 7개예요.

✏️ 따라 써요!

조	각

앞

뜻 향하고 있는 쪽이나 곳.

예 빨간색 쌓기나무 앞에 쌓기나무를 1개 놓았어요.

앞

뜻이 반대되는 말 뒤

'뒤'는 향하고 있는 방향과 반대되는 쪽이나 곳을 뜻해. "빨간색 쌓기나무 뒤에는 아무것도 없어요."와 같이 쓰여.

✏️ 따라 써요!

나란히

뜻 줄지어 늘어선 모양이 가지런하게.

예 쌓기나무 3개가 옆으로 나란히 1층으로 있어요.

✏️ 따라 써요!

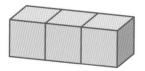

다음 중 낱말의 뜻을 잘 알고 있는 것에 ☑ 하세요.

☐ 구하다 ☐ 값 ☐ 합 ☐ 차 ☐ 그중

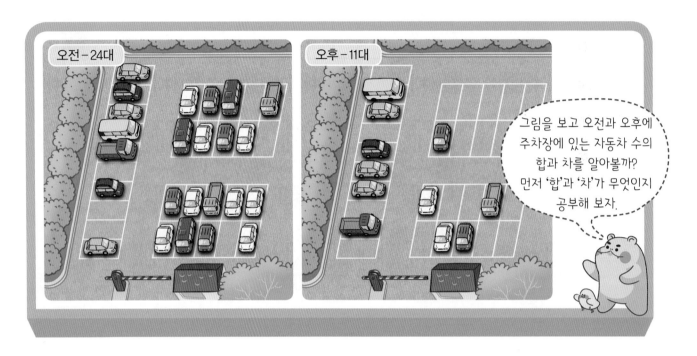

오전 – 24대
오후 – 11대

그림을 보고 오전과 오후에 주차장에 있는 자동차 수의 합과 차를 알아볼까? 먼저 '합'과 '차'가 무엇인지 공부해 보자.

✏️ 낱말을 읽고,   부분에 밑줄을 그으면서 낱말 공부를 해 보세요.

구하다

뜻 문제에 대한 답이나 수, 양을 알아내다.

예 형과 동생이 잡은 물고기의 수를 **구해** 보세요.

✏️ 따라 써요!

구	하	다

값

뜻 셈을 해서 나온 수.

예 3+☐=8에서 ☐의 **값**은 5예요.

헷갈리기 쉬운 말 **갑**

'값'과 '갑'은 모두 [갑]으로 발음하지만 뜻이 달라. '갑'은 물건을 담는 작은 상자를 뜻해. "빈 갑에 구슬을 넣어 두었어요."와 같이 쓰여.

✏️ 따라 써요!

값

합

뜻 둘 이상의 수를 더해 얻은 값.

예 '16+9'와 '19+6'은 두 수의 **합**이 같아요.

관련 어휘 **더하다**

'더하다'는 "더 보태어 늘리거나 많게 하다."라는 뜻이야. "27에 15를 <u>더하면</u> 42가 되어요."와 같이 쓰여.

따라 써요!

차

뜻 어떤 수에서 다른 수를 뺀 나머지.

예 30과 17의 **차**는 13이에요.

관련 어휘 **빼다**

'빼다'는 "전체에서 일부를 없애거나 덜어 내다."라는 뜻이야. "92에서 56을 <u>빼면</u> 36이에요."와 같이 쓰여.

따라 써요!

그중

뜻 앞에서 이야기한 여러 개 가운데.

예 나무 위에 원숭이가 23마리 있었는데 **그중**에서 17마리가 땅으로 내려왔어요.
　　🔎 앞에서 말한 23마리를 가리켜.

따라 써요!

✏️ 62~63쪽에서 공부한 낱말을 떠올리며 문제를 풀어 보세요.

[243004-0063]

1 뜻에 알맞은 낱말이 있는 부분을 색칠하세요.

❶ 향하고 있는 쪽이나 곳.

❷ 줄지어 늘어선 모양이 가지런하게.

❸ 이미 있는 것을 그대로 따라서 만들다.

❹ 어느 쪽에서 보아도 동그란 모양의 도형.

❺ 한 물건에서 따로 떼어 내거나 떨어져 나온 작은 부분.

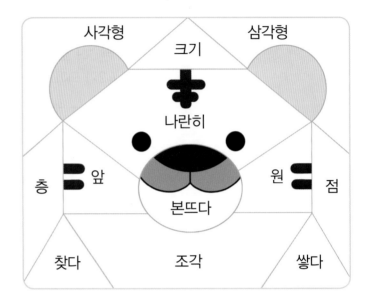

[243004-0064]

2 빈칸에 알맞은 낱말을 █████에 있는 글자로 만들어 쓰세요.

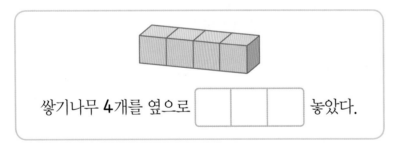

쌓기나무 **4**개를 옆으로 ▢▢▢ 놓았다.

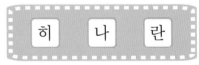

히 나 란

[243004-0065]

3 그림을 보고 ( ) 안에서 알맞은 낱말을 골라 ○표 하세요.

(1)
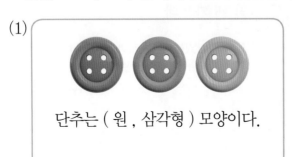

단추는 (원 , 삼각형) 모양이다.

(2)

칠교 (조건 , 조각) **7**개로 오리 모양을 만들었다.

64~65쪽에서 공부한 낱말을 떠올리며 문제를 풀어 보세요.

4 [243004-0066]

낱말의 뜻을 찾아 선으로 이으세요.

(1) 합 •

(2) 차 •

(3) 그중 •

(4) 구하다 •

• ㉠ 둘 이상의 수를 더해 얻은 값.

• ㉡ 앞에서 이야기한 여러 개 가운데.

• ㉢ 어떤 수에서 다른 수를 뺀 나머지.

• ㉣ 문제에 대한 답이나 수, 양을 알아내다.

5 [243004-0067]

문장에 어울리는 낱말을 (　) 안에서 골라 ○표 하세요.

□-5=3에서 □의 (갑 , 값)은 8이다.

6 [243004-0068]

밑줄 친 낱말의 쓰임이 알맞으면 ○표, 알맞지 않으면 ✕표 하세요.

(1) 15와 6의 차는 21이다. (　　　)

(2) 딸기가 13개 있다. 그중에서 4개를 먹으면 9개가 남는다. (　　　)

(3) 전체 펭귄의 수에서 마을을 떠난 펭귄의 수를 빼서 마을에 남은 펭귄의 수를 구할 수 있다. (　　　)

4회 끝!
붙임딱지

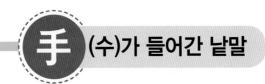 手 (수)가 들어간 낱말

모양	뜻	음
手	손 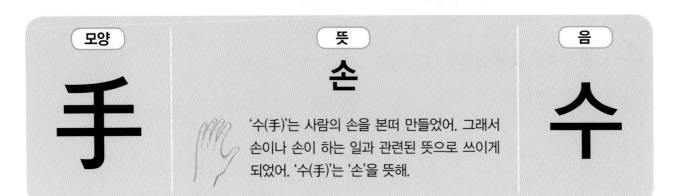 '수(手)'는 사람의 손을 본떠 만들었어. 그래서 손이나 손이 하는 일과 관련된 뜻으로 쓰이게 되었어. '수(手)'는 '손'을 뜻해.	수

✏️ '手(수)'가 들어간 낱말을 읽고, ⬜ 부분에 밑줄을 그으면서 낱말 공부를 해 보세요.

세수  洗 手
씻을 세 / 손 수

뜻 손이나 얼굴을 씻음.

예 나는 아침에 일어나면 세수를 해요.

뜻이 비슷한 말 **세면, 세안**

'세면'은 손이나 얼굴을 씻는 것을 뜻하고, '세안'은 얼굴을 씻는 것을 뜻해. '세수', '세면', '세안'은 뜻이 비슷해서 서로 바꾸어 쓸 수 있어.

수건  手 巾
손 수 / 수건 건

뜻 얼굴이나 몸을 닦는 데 쓰는 천.

예 수건으로 젖은 손을 닦았어요.

박수 拍 手
칠 박 / 손 수

뜻 두 손뼉을 마주침.

예 친구가 상을 받아서 축하하는 마음으로 박수를 쳤어요.

악수 握 手
쥘 악 / 손 수

뜻 두 사람이 한 손씩 내밀어 마주 잡는 일.

예 친구와 화해하며 악수를 했어요.

國 (국)이 들어간 낱말

모양	뜻	음
國	**나라** '국(國)'은 사방을 둘러싼 성벽과, 창을 들고 백성과 땅이 있는 성을 지키는 모습을 합해 표현한 글자야. '국(國)'은 '나라'를 뜻해.	국

✏️ '國(국)'이 들어간 낱말을 읽고, ▨ 부분에 밑줄을 그으면서 낱말 공부를 해 보세요.

국민
國	民
나라 국	백성 민

뜻 한 나라를 이루는 사람.

예 **국민**이 나라의 주인이에요.

관련 어휘 백성

'백성'은 국민을 옛날 느낌이 있게 부르는 말이야. '백성'은 왕이 나라를 다스렸던 때에 많이 사용했어.

국어
國	語
나라 국	말씀 어

뜻 한 나라의 국민이 쓰는 말.

예 한국어, 영어, 중국어 등 나라마다 쓰는 **국어**가 달라요.

국기
國	旗
나라 국	기 기

뜻 한 나라를 나타내는 깃발.

예 우리나라의 **국기**는 태극기예요.

천국
天	國
하늘 천	나라 국

뜻 평화롭고 모두가 행복해한다는, 하늘에 있는 나라.

예 **천국**의 모습을 상상해 그림을 그렸어요.

2주차
1회
2회
3회
4회
5회

✏️ 68쪽에서 공부한 낱말을 떠올리며 문제를 풀어 보세요.

[243004-0069]

1 뜻에 알맞은 낱말을 글자판에서 찾아 묶으세요. (낱말은 가로(—), 세로(ㅣ) 방향에 숨어 있어요.)

박	수	선	태
물	건	극	형
관	기	구	악
소	투	세	수

❶ 두 손뼉을 마주침.
❷ 손이나 얼굴을 씻음.
❸ 얼굴이나 몸을 닦는 데 쓰는 천.
❹ 두 사람이 한 손씩 내밀어 마주 잡는 일.

[243004-0070]

2 빈칸에 들어갈 낱말로 알맞지 않은 것을 두 개 고르세요. (　,　)

 나는 밖에서 놀다가 집에 돌아오면 　　을/를 한다.

① 세면　　② 세수　　③ 세안
④ 세차　　⑤ 세탁

[243004-0071]

3 빈칸에 들어갈 알맞은 낱말을 보기에서 찾아 쓰세요.

보기
박수　　　수건　　　악수

(1) 목욕을 한 뒤 　　으로 몸을 닦았어.

(　　　　)

(2) 내 노래가 끝나자 친구들이 　　를 치며 칭찬해 주었어.

(　　　　)

(3) 삼촌이 길에서 만난 친구와 반갑다며 　　를 했어.

(　　　　)

69쪽에서 공부한 낱말을 떠올리며 문제를 풀어 보세요.

[243004-0072]
4 사진을 보고 관련 있는 낱말과 그 뜻을 찾아 각각 ○표 하세요.

(1)

낱말
국어
국민
국기

(2)

낱말 뜻
한 나라를 이루는 사람.
한 나라를 나타내는 깃발.
한 나라의 국민이 쓰는 말.

[243004-0073]
5 뜻에 알맞은 낱말이 되도록 보기 에서 알맞은 글자를 찾아 쓰세요.

보기
> 천   민

(1)
> 한 나라를 이루는 사람.

국	

(2)
> 평화롭고 모두가 행복해한다는,
> 하늘에 있는 나라.

	국

[243004-0074]
6 (   ) 안에 알맞은 낱말을 보기 에서 찾아 쓰세요.

보기
> 국기   국민   국어

(1) 우리나라의 (   )인 태극기의 바탕은 흰색이다.

(2) 엄마께서는 한국어, 일본어, 프랑스어 등 세 개 (   )를 할 줄 아신다.

(3) 우리나라와 브라질 축구팀의 경기가 시작되자 우리나라 (   )이 큰 소리로 응원했다.

5회 끝!
붙임딱지

2주차에서 공부한 낱말을 떠올리며 문제를 풀어 보세요.

낱말 뜻

[243004-0075]

1 **낱말과 그 뜻이 알맞게 짝 지어지지 않은 것은 무엇인가요? (   )**

① 낭송 – 실제인 것처럼 느끼는 것.
② 국어 – 한 나라의 국민이 쓰는 말.
③ 무늬 – 물건의 겉면에 나타난 모양.
④ 글감 – 글의 내용이 되는 이야깃거리.
⑤ 인상 깊은 일 – 자신이 겪은 일 가운데에서 가장 기억에 남는 일.

낱말 뜻

2 ~ 4 낱말의 뜻은 무엇인지 (   ) 안에서 알맞은 말을 골라 ○표 하세요.

[243004-0076]

2

접다	천이나 종이 등을 꺾어서 (겹치다 , 자르다).

[243004-0077]

3

원	어느 쪽에서 보아도 (네모난 , 동그란) 모양의 도형.

[243004-0078]

4

화창하다	날씨가 맑고 (추우며 , 따뜻하며) 바람이 부드럽다.

뜻이 비슷한 말

5 [243004-0079]
밑줄 친 낱말과 뜻이 비슷한 말은 무엇인가요? (   )

> 사람들은 힘차게 노래를 부르며 우리나라 야구팀을 응원했다.

① 끝없이　　　　② 힘없이　　　　③ 숨차게
④ 힘들게　　　　⑤ 기운차게

뜻이 반대되는 말

6 [243004-0080]
뜻이 서로 반대되는 말을 두 개 골라 ○표 하세요.

> 앞　　위　　옆　　뒤　　가운데

바르게 발음하기

7 [243004-0081]
밑줄 친 낱말을 바르게 발음한 것에 ○표 하세요.

> 친구네 집은 마당이 넓다.

([너따] , [널따] , [넙따])

글자는 같지만 뜻이 다른 낱말

8 [243004-0082]
밑줄 친 낱말의 뜻을 찾아 선으로 이으세요.

(1) 엄마께서 싱싱한 굴로 국을 끓이셨다.　·

· ㉠ 짐승들이 만들어 놓은 구멍.

(2) 두더지들이 파 놓은 굴이 한두 군데가 아니었다.　·

· ㉡ 바다의 바위에 붙어서 사는, 껍데기가 울퉁불퉁하고 길쭉하게 생긴 조개.

낱말 활용

9~11 밑줄 친 낱말의 쓰임이 알맞으면 ○표, 알맞지 않으면 ✕표 하세요.

9 [243004-0083]

> 32와 10의 <u>합</u>은 22이다.

(   )

10 [243004-0084]

> '흙'에는 <u>쌍받침</u> 'ㄲ'이 쓰였다.

(   )

11 [243004-0085]

> "꽃이 활짝 피었다."에서 '활짝'은 '피었다'를 <u>꾸며 주는 말</u>이다.

(   )

낱말 활용

12~15 (   ) 안에 알맞은 낱말을 **보기**에서 찾아 쓰세요.

> **보기**
>
> 값   동안   황사   분위기

12 [243004-0086]
13+□=28에서 □의 (   )은 15이다.

13 [243004-0087]
(   ) 때문에 하늘이 온통 뿌옇고 목이 아프다.

14 [243004-0088]
엄마께서 청소를 하시는 (   ) 아빠께서는 저녁을 준비하셨다.

15 [243004-0089]
이 시를 읽으면 두 아이가 손을 잡고 학교에 가는 장면에서 밝고 다정한 (   )가 느껴진다.

3주차 어휘 미리 보기

한 주 동안 공부할 어휘들이야. 쓱 한번 훑어볼까?

1회

국어 교과서 어휘

인물의 마음	다치다, 닫히다
짐작하다	반드시, 반듯이
뿌듯하다	거름, 걸음
설레다	맞히다, 마치다
낯설다	

학습 계획일 ◯ 월 ◯ 일

2회

마을 교과서 어휘

마을	전시회
건물	구석구석
횡단보도	직업
골목	배달
간판	장수

학습 계획일 ◯ 월 ◯ 일

3회

국어 교과서 어휘

글쓴이	가족회의
광고	역할
중요	초대장
배려	편지
안내판	가지

학습 계획일 ◯ 월 ◯ 일

4회

수학 교과서 어휘

재다	1센티미터
뼘	자
단위	눈금
횟수	약
불편하다	어림하다

학습 계획일 ◯ 월 ◯ 일

5회

한자 어휘

온수	학생
냉수	입학
수영	전학
홍수	학급

학습 계획일 ◯ 월 ◯ 일

어휘력 테스트

다음 중 낱말의 뜻을 잘 알고 있는 것에 ☑ 하세요.

☐ 인물의 마음 ☐ 짐작하다 ☐ 뿌듯하다 ☐ 설레다 ☐ 낯설다

✏️ 낱말을 읽고, ⬜ 부분에 밑줄을 그으면서 낱말 공부를 해 보세요.

이것만은 꼭!

인물의 마음

뜻 이야기 속 상황에 따라 인물이 느끼는 기분.

예 오랜만에 친구를 만난 인물의 마음은 무척 반가울 거예요.

> 인물의 마음을 표현할 때에는 기쁘다, 반갑다, 뿌듯하다, 설레다, 고맙다, 미안하다, 화나다 등의 말을 사용해.

✏️ 따라 써요!

| 인 | 물 | 의 | 마 | 음 |

짐작하다

뜻 사정이나 상황 등을 다른 것에 비추어 대강 생각하다.

예 인물의 마음을 짐작하며 글을 읽으면 글의 내용을 더 잘 이해할 수 있어요.

✏️ 따라 써요!

| 짐 | 작 | 하 | 다 |

뿌듯하다

뜻 마음에 기쁨이 가득하다.

예 자전거를 혼자 탈 수 있게 되어 뿌듯해요.

✏️ 따라 써요!

| 뿌 | 듯 | 하 | 다 |

설레다

뜻 마음이 가라앉지 않고 들떠서 두근거리다.

예 설레는 마음으로 강아지가 오기를 기다렸어요.

✏️ 따라 써요!

설	레	다

설레다

뜻 마음이 가라앉지 않고 들떠서 두근거리다.

예 설레는 마음으로 강아지가 오기를 기다렸어요.

✏️ 따라 써요!

설	레	다

낮설다

뜻 전에 본 기억이 없어 익숙하지 않다.

예 강아지는 내가 낯선지 다가오지 않았어요.

뜻이 반대되는 말 **낯익다**

'낯익다'는 "전에 여러 번 보아서 친하거나 익숙하다."라는 뜻이야. "처음 온 태권도장에 낯익은 친구가 있었어요."와 같이 쓰여.

✏️ 따라 써요!

낮	설	다

자주 틀리는 맞춤법

여섯이나 일곱쯤 되는 수를 뜻해.

곱, 곱, 곱 자로 끝나는 말은?

일곱! 예닐곱! 눈곱!

하하. 틀렸어. 눈꼽이지!

[눈꼽]이라고 소리 나지만 쓸 땐 '눈곱'이야.

도움말 눈에서 나오는 진득진득한 액은 '눈꼽'이 아니라 '눈곱'이라고 써야 해요.

초등 2학년 1학기 77

다음 중 낱말의 뜻을 잘 알고 있는 것에 ✓ 하세요.

☐ 다치다   ☐ 닫히다   ☐ 반드시   ☐ 반듯이   ☐ 거름   ☐ 걸음   ☐ 맞히다   ☐ 마치다

✏️ 낱말을 읽고,　　부분에 밑줄을 그으면서 낱말 공부를 해 보세요.

다치다

뜻 몸의 어느 부분을 맞거나 부딪쳐 상처가 나다.

예 뛰다가 넘어져서 무릎을 다쳤어요.

✏️ 따라 써요!

다	치	다

닫히다

뜻 문이나 서랍 등이 다른 것에 의해 닫아지다.

예 바람에 문이 닫혔어요.

뜻이 반대되는 말　열리다

'열리다'는 "닫히거나 잠긴 것이 트이거나 벗겨지다."라는 뜻이야. "엘리베이터 문이 열리고 사람들이 밖으로 나왔어요."와 같이 쓰여.

✏️ 따라 써요!

닫	히	다

반드시

뜻 틀림없이 꼭.

예 올해는 반드시 날마다 책을 읽을 거예요.

✏️ 따라 써요!

반	드	시

반듯이

뜻 비뚤어지지 않고 바르게.

예 책이 책꽂이에 반듯이 꽂혀 있어요.

✏️ 따라 써요!

반	듯	이

'반듯이'는 [반드시]로 발음해. '반듯이'를 [반뜨시]나 [반드시]로 발음하면 안 돼.

거름

뜻 식물이 잘 자라라고 흙에 넣어 주는 것.

예 배추가 잘 자라라고 밭에 거름을 주었어요.

✏️ 따라 써요!

거	름

걸음

뜻 두 발을 번갈아 옮겨 놓는 동작.

예 시소에서 그네까지 몇 걸음인지 수를 세며 걸었어요.

✏️ 따라 써요!

걸	음

맞히다

뜻 목표한 곳에 닿게 하다.

예 화살을 쏘아 과녁에 맞혀요.

✏️ 따라 써요!

맞	히	다

마치다

뜻 어떤 일을 끝내다.

예 수업을 마치고 집으로 뛰어갔어요.

✏️ 따라 써요!

마	치	다

🐻🐱 헷갈리는 우리말

목발을 [짚고] 걷습니다.

빈칸에 들어갈 받침이 'ㅂ'이야, 'ㅍ'이야?

'ㅍ'이지. 벽, 지팡이 등에 몸을 기댄다는 뜻이잖아.

받침이 'ㅂ'인 '집다'는 물건을 잡아서 든다는 뜻이거든.

알려 줘서 고마워.

예문 할아버지께서 지팡이를 짚고 걸어가세요.

76~77쪽에서 공부한 낱말을 떠올리며 문제를 풀어 보세요.

1 [243004-0090]

다음 낱말은 모두 무엇을 표현하는 말인지 ( ) 안에서 알맞은 말을 골라 ○표 하세요.

| 기쁘다 | 반갑다 | 뿌듯하다 | 설레다 |

인물의 (모습 , 마음 , 성격)을 표현하는 말

2 [243004-0091]

뜻에 알맞은 낱말을 글자판에서 찾아 묶으세요. (낱말은 가로(—), 세로(ㅣ) 방향에 숨어 있어요.)

낮	익	참	짐
설	레	다	작
다	가	오	하
뿌	듯	하	다

❶ 마음에 기쁨이 가득하다.
❷ 전에 본 기억이 없어 익숙하지 않다.
❸ 마음이 가라앉지 않고 들떠서 두근거리다.
❹ 사정이나 상황 등을 다른 것에 비추어 대강 생각하다.

3 [243004-0092]

밑줄 친 낱말의 쓰임이 알맞으면 ○표, 알맞지 <u>않으면</u> ✕표 하세요.

(1) 내가 원하는 생일 선물이 아니어서 마음이 <u>설레었다</u>. (　　　)

(2) 전학 와서 새로 만난 선생님과 친구들이 어색하고 <u>낯설었다</u>. (　　　)

(3) 엄마께 거짓말한 것이 들통나서 창피하고 <u>뿌듯한</u> 마음이 들었다. (　　　)

(4) 내가 남의 도움을 받았을 때를 떠올려 보면 이야기 속 아이는 자신을 도와준 친구에게 고마운 마음이 들었을 것이라고 <u>짐작할</u> 수 있다. (　　　)

✏️ 78~79쪽에서 공부한 낱말을 떠올리며 문제를 풀어 보세요.

[243004-0093]

4 뜻에 알맞은 낱말을 찾아 선으로 이으세요.

(1) 두 발을 번갈아 옮겨 놓는 동작.

(2) 목표한 곳에 닿게 하다.

ㄱ
거름

ㄴ
걸음

ㄷ
맞히다

ㄹ
마치다

[243004-0094]

5 문장에 어울리는 낱말을 ( ) 안에서 골라 ○표 하세요.

(1) 앞으로는 약속을 (반드시 , 반듯이) 지키겠다고 다짐했다.

(2) 의자에 앉을 때에는 허리를 펴고 (반드시 , 반듯이) 앉아야 한다.

[243004-0095]

6 ㉠과 ㉡에 들어갈 낱말이 알맞게 짝 지어진 것에 ○표 하세요.

바람에 문이 갑자기 ㉠ 발이 문에 끼어 발가락을 ㉡ .

(1) ㉠ 닫히면서 – ㉡ 다쳤다 (   )　　　(2) ㉠ 다치면서 – ㉡ 닫혔다 (   )

다음 중 낱말의 뜻을 잘 알고 있는 것에 ✔ 하세요.

☐ 마을 ☐ 건물 ☐ 횡단보도 ☐ 골목 ☐ 간판

높은 곳에 올라가 마을을 내려다본 적 있니? 자신이 사는 마을의 모습을 떠올리며 낱말을 공부해 보자.

✏️ 낱말을 읽고, 　　　 부분에 밑줄을 그으면서 낱말 공부를 해 보세요.

 이것만은 꼭!

마을

뜻 여러 집이 모여 사는 곳.

예 우리 마을에는 병원, 우체국, 미용실 등이 있어요.

뜻이 비슷한 말 **동네**

'동네'는 사람들이 생활하는 여러 집이 모여 있는 곳을 뜻해. '마을'과 '동네'는 뜻이 비슷해서 서로 바꾸어 쓸 수 있어.

✏️ 따라 써요!

마	을

건물

뜻 사람이 살거나, 일을 하거나, 물건을 넣어 두려고 지은 집.

예 병원 건물 1층에 약국이 있어요.

✏️ 따라 써요!

건	물

횡단보도

뜻 사람이 건너다닐 수 있도록 차도 위에 표시를 해 놓은 길.

예 자동차가 멈춘 것을 확인한 뒤에 횡단보도를 건너요.

뜻이 비슷한 말 건널목

'건널목'은 강이나 길 등에서 건너다니게 된 일정한 곳을 뜻해. '횡단보도'와 '건널목'은 뜻이 비슷해서 서로 바꾸어 쓸 수 있어.

따라 써요!

횡	단	보	도

골목

뜻 큰길에서 들어가 동네 안을 이리저리 통하는 좁은 길.

예 우리 집 앞 골목은 좁아서 큰 자동차는 다닐 수 없어요.

'골목'은 '골목길'이라고도 해.

따라 써요!

골	목

간판

뜻 가게나 회사 이름을 크게 써서 건물의 밖에 걸거나 붙이거나 세우는 판.

예 빵집에 '맛있는 빵집'이라는 간판이 붙어 있어요.

따라 써요!

간	판

3
주차

1회
2회
3회
4회
5회

다음 중 낱말의 뜻을 잘 알고 있는 것에 ✔ 하세요.

☐ 전시회 ☐ 구석구석 ☐ 직업 ☐ 배달 ☐ 장수

✏️ 낱말을 읽고, ▨ 부분에 밑줄을 그으면서 낱말 공부를 해 보세요.

전시회

뜻 작품이나 물건 등을 차려 놓고 사람들에게 보여 주는 모임.

예 우리 마을 사람들이 직접 만든 미술 작품으로 전시회를 열었어요.

✏️ 따라 써요!

전	시	회

구석구석

뜻 이 구석 저 구석.
┗ 꺾어져 돌아간 자리인 모퉁이의 안쪽을 말해.

예 마을 사진을 찍기 위해 마을을 구석구석 돌아다녔어요.

✏️ 따라 써요!

구	석	구	석

'구석구석'은 "잘 드러나지 않는 곳까지 다."라는 의미를 담고 있어.

직업

뜻 살아가기 위한 돈을 벌기 위해 정해 놓고 계속하는 일.

예 우리 마을 사람들의 직업은 미용사, 은행원, 경찰관, 소방관 등 다양해요.

뜻이 비슷한 말 생업

'생업'은 살아가기 위해 하는 일을 뜻해. '직업'과 '생업'은 뜻이 비슷해서 서로 바꾸어 쓸 수 있어.

 따라 써요!

배달

뜻 우편물이나 신문, 음식 등을 가져다줌.

예 택배 기사는 우리 집 앞까지 물건을 배달해요.

관련 어휘 택배

'택배'는 우편물이나 짐, 상품 등을 원하는 장소까지 직접 배달해 주는 일을 뜻해. "인터넷으로 산 옷이 이틀 만에 택배로 도착했어요."와 같이 쓰여.

 따라 써요!

장수

뜻 장사하는 사람.
　돈을 벌기 위해 물건을 사서 파는 것을 뜻해.
예 사과 장수가 트럭에 사과를 싣고 와 팔고 있어요.

뜻이 비슷한 말 상인

'상인'은 장사를 직업으로 하는 사람을 뜻해. '장수'와 '상인'은 뜻이 비슷해서 서로 바꾸어 쓸 수 있어.

따라 써요!

✏️ 82~83쪽에서 공부한 낱말을 떠올리며 문제를 풀어 보세요.

[243004-0096]

1 빈칸에 들어갈 낱말은 무엇인지 알맞은 글자를 모두 골라 ○표 하세요.

(1) 여러 집이 모여 사는 곳을 ☐☐이라고 한다.

| 동 | 마 | 음 | 화 | 을 |

(2) 큰길에서 들어가 동네 안을 이리저리 통하는 좁은 길을 ☐☐이라고 한다.

| 골 | 짜 | 과 | 목 | 장 |

(3) 사람이 살거나, 일을 하거나, 물건을 넣어 두려고 지은 집을 ☐☐이라고 한다.

| 들 | 창 | 건 | 물 | 판 |

[243004-0097]

2 밑줄 친 낱말과 뜻이 비슷한 말이 되도록 빈칸에 알맞은 글자를 쓰세요.

신호등에 초록불이 켜져 <u>횡단보도</u>를 건넜다.

| ☐ | ☐ | 목 |

[243004-0098]

3 ( ) 안에 알맞은 낱말을 보기에서 찾아 쓰세요.

보기

간판   건물   마을

(1) 새로 지은 (   )의 1층에는 꽃집이, 2층에는 은행이 있다.

(2) 바람이 세게 불어 가게 밖에 걸려 있던 (   )이 떨어졌다.

(3) 우리 (   )에는 크고 작은 공원이 있어서 산책하기에 좋다.

✎ 84~85쪽에서 공부한 낱말을 떠올리며 문제를 풀어 보세요.

[243004-0099]

4 낱말의 뜻을 **보기**에서 찾아 사다리를 타고 내려간 곳에 기호를 쓰세요.

┌─ 보기 ──────────────────────────────────────┐
│ ㉠ 장사하는 사람.   │
│ ㉡ 우편물이나 신문, 음식 등을 가져다줌.   │
│ ㉢ 살아가기 위한 돈을 벌기 위해 정해 놓고 계속하는 일. │
│ ㉣ 작품이나 물건 등을 차려 놓고 사람들에게 보여 주는 모임. │
└──┘

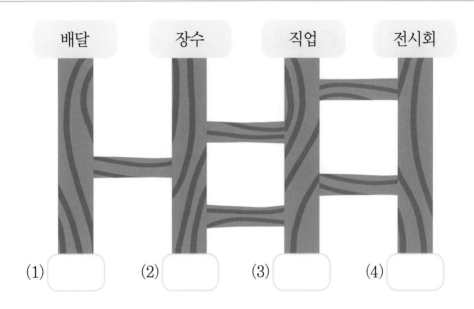

배달　　　장수　　　직업　　　전시회

(1) ☐　　(2) ☐　　(3) ☐　　(4) ☐

[243004-0100]

5 빈칸에 들어갈 알맞은 낱말을 찾아 선으로 이으세요.

(1) 우리 마을은 ☐ 멋진 곳이 많다.　　• 　　• ㉠ 배달

(2) 생선 ☐ 가 "고등어, 갈치 사세요."
라고 크게 외쳤다.　　• 　　• ㉡ 장수

(3) 삼촌의 ☐ 은 동물의 병을 치료해
주는 수의사이다.　　• 　　• ㉢ 직업

(4) 할머니께서는 마트에서 산 물건을 집으
로 ☐ 해 달라고 하셨다.　　• 　　• ㉣ 구석구석

2회 끝!
붙임딱지

다음 중 낱말의 뜻을 잘 알고 있는 것에 ✔ 하세요.
☐ 글쓴이 ☐ 광고 ☐ 중요 ☐ 배려 ☐ 안내판

 낱말을 읽고, ▢▢▢ 부분에 밑줄을 그으면서 낱말 공부를 해 보세요.

 이것만은 꼭!

글쓴이

뜻 글을 쓴 사람.

예 글쓴이가 글을 통해 알려 주고 싶은 것은 줄넘기의 좋은 점이에요.

관련 어휘 작가

'작가'는 시, 동화, 그림 등을 처음으로 만들어 내는 사람을 말해. "나는 어린이에게 재미와 감동을 주는 동화 작가가 되고 싶어요."와 같이 쓰여.

 따라 써요!

| 글 | 쓴 | 이 |

글쓴이는 [글쓰니]로 소리 나지만 쓸 때는 '글쓴이'로 써야 한다는 것을 잊지 마.

광고

뜻 물건이나 생각을 텔레비전이나 신문 등을 통해 사람들에게 널리 알리는 것.

예 텔레비전에서 환경을 보호하자는 광고를 보았어요.

 따라 써요!

| 광 | 고 |

중요

뜻 귀중하고 꼭 필요함.

예 글의 제목을 살펴보면 글에서 중요한 내용을 찾을 수 있어요.

따라 써요!

| 중 | 요 |

배려

뜻 관심을 가지고 보살펴 주거나 도와줌.

예 버스에서 큰 소리로 말하지 않는 것도 남을 배려하는 행동이에요.

 따라 써요!

안내판

뜻 알리는 내용을 적어 놓은 판.

예 안내판에 수목원을 이용할 때 주의할 점이 쓰여 있어요.

뜻이 비슷한 말 게시판, 알림판

'게시판'은 알릴 내용을 붙여 여러 사람이 보게 하는 판을 뜻하고, '알림판'은 알리는 내용을 적거나 적은 것을 붙이는 판을 뜻해. '안내판', '게시판', '알림판'은 뜻이 비슷해서 서로 바꾸어 쓸 수 있어.

 따라 써요!

 자주 틀리는 맞춤법

도움말 '몇 월 몇 일'에서 '몇 일'은 '며칠'이라고 써야 해요.

다음 중 낱말의 뜻을 잘 알고 있는 것에 ☑ 하세요.
☐ 가족회의 ☐ 역할 ☐ 초대장 ☐ 편지 ☐ 가지

✏ 낱말을 읽고, [   ] 부분에 밑줄을 그으면서 낱말 공부를 해 보세요.

가족회의

뜻 가족이 모여서 가족의 문제에 대해 이야기함.

예 아빠, 엄마, 나, 동생이 모여 여행을 언제 어디로 갈지 가족회의를
했어요.

✏ 따라 써요!

| 가 | 족 | 회 | 의 |

역할

뜻 영화, 연극, 드라마 등에서 배우가 맡아서 하는 일.

예 나는 이야기에 나오는 아기 곰
역할을 맡았어요.

✏ 따라 써요!

| 역 | 할 |

'역할'을 '역활'로
잘못 말하고 쓰는 경우가 많아.
'역활'이라는 낱말은 없으니까
잘못 쓰지 않도록
주의해야 해.

초대장

뜻 어떤 모임에 와 달라고 적어 보내는 글.

예 별나라 우주인이 지구 동물들에게 별나라에 와 달라고 초대장을
보냈어요.

뜻이 비슷한 말 **초청장**

'초청장'은 손님으로 와 달라는 내용을 적은 것을 뜻해. '초대장'과 '초청
장'은 뜻이 비슷해서 서로 바꾸어 쓸 수 있어.

✏ 따라 써요!

| 초 | 대 | 장 |

이것만은 꼭!

편지

뜻 다른 사람에게 하고 싶은 말을 적어서 보내는 글.

예 지구 동물들이 별나라 우주인에게 초대해 주어서 감사하다는 편지를 썼어요.

관련 어휘 통

'통'은 편지나 전화 등을 세는 말이야. "친구에게 편지 한 통을 받았어요.", "전화가 다섯 통이나 와 있었어요."와 같이 쓰여.

✏️ **따라 써요!**

편	지

가지

뜻 사물을 특징에 따라 종류별로 세는 말.

예 나무의 뿌리가 하는 일을 세 가지로 설명했어요.

글자는 같지만 뜻이 다른 낱말 가지

나무나 풀의 큰 줄기에서 갈라져 뻗어 나간 작은 줄기도 '가지'라고 하고, 반찬으로 먹는 자주색의 열매도 '가지'라고 해.

✏️ **따라 써요!**

가	지

헷갈리는 우리말

예문 물통에 구멍이 나서 물이 다 샜어요.

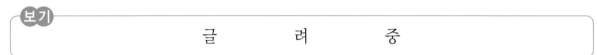

✏️ 88~89쪽에서 공부한 낱말을 떠올리며 문제를 풀어 보세요.

1 [243004-0101]
뜻에 알맞은 낱말이 되도록 **보기**에서 알맞은 글자를 찾아 쓰세요.

> **보기**
>
> 글   려   중

(1) 글을 쓴 사람. → [   ] 쓴 이

(2) 귀중하고 꼭 필요함. → [   ] 요

(3) 관심을 가지고 보살펴 주거나 도와줌. → 배 [   ]

2 [243004-0102]
밑줄 친 낱말과 뜻이 비슷한 말을 <u>두 개</u> 고르세요. (,   )

캠핑장 이용 방법이 안내판에 쓰여 있어.

캠핑장 안내

① 식판   ② 게시판   ③ 바둑판
④ 알림판   ⑤ 얼음판

3 [243004-0103]
문장에 어울리는 낱말을 (   ) 안에서 골라 ○표 하세요.

(1) 글에서 글쓴이가 알려 주고 싶은 것이 (고요 , 중요)한 내용이다.

(2) 텔레비전에서 만화 영화가 끝나고 운동화 (광고 , 신고)가 나왔다.

(3) 친구가 가위를 안전하게 잡을 수 있도록 가위 손잡이 쪽으로 가위를 건네주는 것도 친구를 (배려 , 배출)하는 행동이다.

✏️ 90~91쪽에서 공부한 낱말을 떠올리며 문제를 풀어 보세요.

[243004-0104]

4 빈칸에 들어갈 낱말은 무엇인지 알맞은 글자를 모두 골라 ○표 하세요.

(1) 어떤 모임에 와 달라고 적어 보내는 글을 ☐ ☐☐이라고 한다.

| 식 | 초 | 대 | 장 | 분 |

(2) 영화, 연극, 드라마 등에서 배우가 맡아서 하는 일을 ☐☐이라고 한다.

| 미 | 역 | 투 | 할 | 인 |

(3) 가족이 모여서 가족의 문제에 대해 이야기하는 것을 ☐☐☐☐라고 한다.

| 가 | 급 | 족 | 회 | 의 |

[243004-0105]

5 밑줄 친 낱말 중 다음과 같은 뜻으로 쓰인 것에 ○표 하세요.

> 사물을 특징에 따라 종류별로 세는 말.

(1) 감나무 가지에 감이 열렸다. (   )

(2) 줄넘기를 하면 좋은 점은 네 가지이다. (   )

(3) 점심에 가지를 볶아 만든 반찬을 먹었다. (   )

[243004-0106]

6 (   ) 안에 알맞은 낱말을 보기 에서 찾아 쓰세요.

보기

| 역할 | 편지 | 가족회의 |

(1) 친구와 다투고 나서 화해하자는 (   )를 써서 보냈다.

(2) 집에서 고양이를 키울지 정하기 위해 부모님과 (   )를 했다.

(3) 이야기에 나오는 인물 중 원숭이 (   )을 맡은 친구가 점잖은 목소리로 원숭이가 한 말을 읽었다.

3회 끝!
붙임딱지

다음 중 낱말의 뜻을 잘 알고 있는 것에 ☑ 하세요.

☐ 재다 ☐ 뼘 ☐ 단위 ☐ 횟수 ☐ 불편하다

엄마께 바지를 선물하려고 뼘으로 엄마의 다리 길이를 재고 있네. 엄마께 잘 맞는 바지를 살 수 있을까? 길이를 재는 다양한 방법을 생각하며 길이 재기와 관련 있는 낱말을 알아보자.

✏️ 낱말을 읽고, ▭ 부분에 밑줄을 그으면서 낱말 공부를 해 보세요.

재다

🟦뜻 길이, 크기, 양 등을 알아보다.

🟩예 줄자로 키를 재요.

✏️ 따라 써요!

재	다

뼘

🟦뜻 길이를 나타낼 때 쓰는 말. 한 뼘은 엄지손가락과 다른 손가락을 완전히 펴서 벌린 길이임.

🟩예 책상의 짧은 쪽의 길이는 세 뼘 정도예요.

✏️ 따라 써요!

뼘

한 뼘

단위

뜻 길이, 양, 무게 등을 수로 나타낼 때의 기준.

예 연필, 풀, 클립 등도 길이를 재는 단위가 돼요.

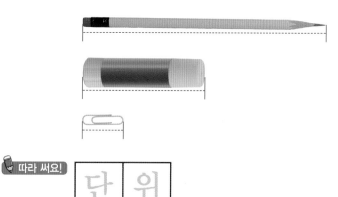

✏️ 따라 써요!

단 위

횟수

뜻 반복해서 일어나는 차례의 수.

예 동화책의 긴 쪽의 길이를 크레파스로 잰 횟수는 세 번이에요.

✏️ 따라 써요!

횟 수

0　　한번　　두번　　세번

불편하다

뜻 편리하지 않다.

예 클립은 단위의 길이가 너무 짧아서 긴 길이를 잴 때 불편해요.

뜻이 반대되는 말 　편리하다

'편리하다'는 이용하기 쉽고 편하다는 뜻이야. "길이를 자로 재면 정확하게 잴 수 있어서 편리해요."와 같이 쓰여.

✏️ 따라 써요!

불 편 하 다

다음 중 낱말의 뜻을 잘 알고 있는 것에 ✓ 하세요.
□ 1센티미터 □ 자 □ 눈금 □ 약 □ 어림하다

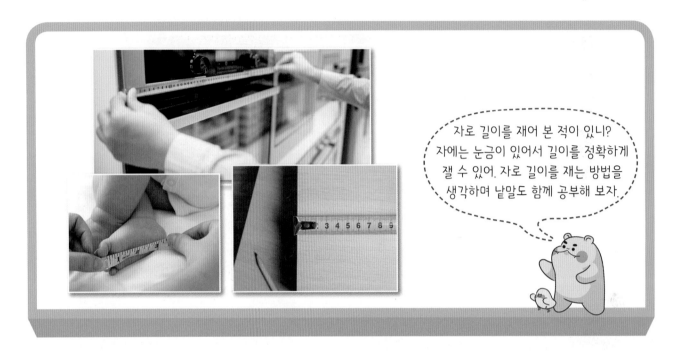

✏️ 낱말을 읽고, ▭ 부분에 밑줄을 그으면서 낱말 공부를 해 보세요.

1센티미터

뜻
에서 ▭만큼의 길이.

예 1cm는 1센티미터라고 읽어요.

🖊️ 따라 써요!

| 1 | 센 | 티 | 미 | 터 |

자

뜻 눈금이 그려진, 길이를 재는 물건.

예 나뭇잎의 길이가 몇 센티미터인지 알려면 자를 사용하면 돼요.

🖊️ 따라 써요! 자

눈금

뜻 자, 저울 등에 표시해 놓은 금.

예 연필의 길이를 재려면 연필의 한쪽 끝을 자의 눈금 0에 맞추어요.

▲ 자의 눈금　　　　▲ 저울의 눈금

✏️ 따라 써요!

눈	금

이것만은 꼭!

약

뜻 그 수와 양에 가까운 정도임을 나타내는 말.

예 크레파스는 약 7센티미터예요.

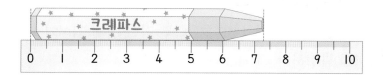

글자는 같지만 뜻이 다른 낱말 약

"감기에 걸려서 약을 먹었어요."에 쓰인 '약'은 병이나 상처 등을 낫게 하거나 예방하기 위해 먹거나 바르거나 주사하는 물질을 뜻해.

✏️ 따라 써요!

약

어림하다

뜻 수나 양 등을 대강 짐작하다.

예 나뭇가지의 길이를 어림하면 약 9센티미터예요.

✏️ 따라 써요!

어	림	하	다

✏️ 94~95쪽에서 공부한 낱말을 떠올리며 문제를 풀어 보세요.

1 [243004-0107]
낱말의 뜻을 보기에서 찾아 사다리를 타고 내려간 곳에 기호를 쓰세요.

보기
㉠ 편리하지 않다.
㉡ 길이, 크기, 양 등을 알아 보다.
㉢ 길이, 양, 무게 등을 수로 나타낼 때의 기준.

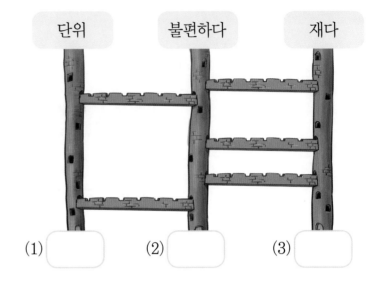

단위   불편하다   재다

(1) ⬜   (2) ⬜   (3) ⬜

2 [243004-0108]
밑줄 친 낱말과 뜻이 반대되는 말은 무엇인가요? (   )

> 길이를 잴 때 단위의 길이가 너무 길면 실제 길이가 달라도 모두 같은 수로 나타낼 수 있어서 불편하다.

① 강하다   ② 펼치다   ③ 불안하다
④ 불행하다   ⑤ 편리하다

3 [243004-0109]
문장에 어울리는 낱말을 (   ) 안에서 골라 ○표 하세요.

(1) 연필로 수학책의 긴 쪽의 길이를 (달아 , 재어) 보았다.

(2) 내 책상은 언니의 책상보다 두 (뼘 , 살) 정도 길이가 짧다.

(3) 클립은 단위의 길이가 짧아서 긴 물건의 길이를 잴 때 재어야 하는 (박수 , 횟수) 가 많다.

96~97쪽에서 공부한 낱말을 떠올리며 문제를 풀어 보세요.

4 [243004-0110]

뜻에 알맞은 낱말을 그림에서 찾아 짝 지어진 색으로 색칠하세요.

(1) 수나 양 등을 대강 짐작하다.

— 보라색

(2) 자, 저울 등에 표시해 놓은 금.

— 노란색

(3) 눈금이 그려진, 길이를 재는 물건.

— 초록색

(4) 그 수와 양에 가까운 정도임을 나타내는 말. — 빨간색

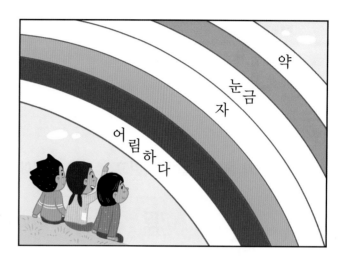

5 [243004-0111]

밑줄 친 낱말을 바르게 사용한 친구에게 ○표 하세요.

(1)

우리 가족은 아빠, 엄마, 나 이렇게 약 3명이야.

(   )

(2)

내 키는 125센티미터에 가까워. 약 125센티미터라고 할 수 있지.

(   )

6 [243004-0112]

문장에 어울리는 낱말을 (   ) 안에서 골라 ○표 하세요.

(1)
1cm는 1(뼘 , 센티미터)(이)라고 읽는다.

(2)
자에는 길이를 나타내는 (도형 , 눈금)이 있다.

(3)
(자 , 지우개)로 재면 붓의 길이를 정확히 알 수 있다.

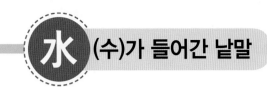
水 (수)가 들어간 낱말

모양	뜻	음
水	물 '수(水)'는 시냇물 위로 비가 내리는 모습을 본떠 만들었어. '수(水)'가 들어간 낱말은 '물' 과 관련된 뜻을 나타내.	수

✎ '水(수)'가 들어간 낱말을 읽고, ☐ 부분에 밑줄을 그으면서 낱말 공부를 해 보세요.

온수 溫水
따뜻할 온 / 물 수

뜻 따뜻하게 데워진 물.

예 발이 시려서 온수에 발을 담갔어요.

뜻이 비슷한 말 더운물

'더운물'도 따뜻하게 데워진 물을 뜻해. '온수' 와 '더운물'은 뜻이 비슷해서 서로 바꾸어 쓸 수 있어.

냉수 冷水
찰 냉 / 물 수

뜻 차가운 물.

예 목이 말라서 냉수를 벌컥벌컥 마셨어요.

뜻이 비슷한 말 찬물

'찬물'도 차가운 물을 뜻해. '냉수'와 '찬물'은 뜻이 비슷해서 서로 바꾸어 쓸 수 있어.

수영 水泳
물 수 / 헤엄칠 영

뜻 물속을 헤엄침.

예 친구와 수영을 하며 놀았어요.

홍수 洪水
큰물 홍 / 물 수

☝ '홍(洪)'의 대표 뜻은 '넓다'야.

뜻 비가 많이 와서 강이나 개천에 갑자기 크게 많아진 물.

예 홍수로 집들이 물에 잠겼어요.

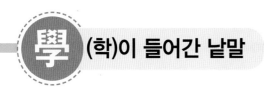

學 (학)이 들어간 낱말

모양	뜻	음
學	**배우다**	학

'학(學)'은 아이가 배움을 가져가는 모습으로, '배움을 가져가는 집'을 표현한 글자야. '학(學)'은 '배우다', '공부하다'라는 뜻을 나타내.

✏️ '學(학)'이 들어간 낱말을 읽고, ⬚⬚⬚ 부분에 밑줄을 그으면서 낱말 공부를 해 보세요.

학생 — 學 (배울 학) 生 (사람 생)

↱ '생(生)'의 대표 뜻은 '나다'야.

뜻 학교에 다니면서 공부하는 사람.

예 나는 초등학교 2학년 학생이에요.

입학 — 入 (들 입) 學 (배울 학)

뜻 학생이 되어 학교에 들어감.

예 초등학교에 입학한 지 일 년이 지났어요.

뜻이 반대되는 말 졸업

'졸업'은 학생이 학교에서 정해진 교육 과정을 모두 마침을 뜻해. "형이 초등학교를 졸업했어요."와 같이 쓰여.

전학 — 轉 (옮길 전) 學 (배울 학)

↱ '전(轉)'의 대표 뜻은 '구르다'야.

뜻 다른 학교로 옮겨 가서 배움.

예 오늘 한 친구가 새로 전학을 왔어요.

학급 — 學 (배울 학) 級 (등급 급)

뜻 한 교실에서 공부하는 학생의 무리.

예 우리 학교는 한 학년에 한 학급밖에 없어요.

✏️ 100쪽에서 공부한 낱말을 떠올리며 문제를 풀어 보세요.

1 [243004-0113]
뜻에 알맞은 낱말을 빈칸에 쓰세요.

(1)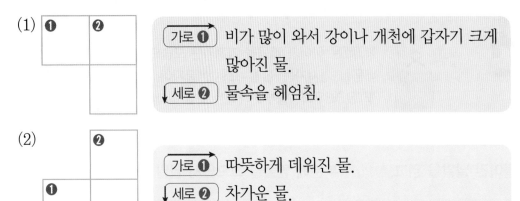

| 가로❶ | 비가 많이 와서 강이나 개천에 갑자기 크게 많아진 물. |
| 세로❷ | 물속을 헤엄침. |

(2)

| 가로❶ | 따뜻하게 데워진 물. |
| 세로❷ | 차가운 물. |

2 [243004-0114]
㉠과 ㉡에 들어갈 알맞은 낱말을 각각 골라 ○표 하세요.

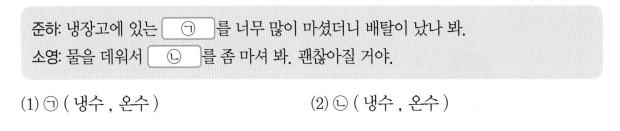

준하: 냉장고에 있는 ㉠ 를 너무 많이 마셨더니 배탈이 났나 봐.
소영: 물을 데워서 ㉡ 를 좀 마셔 봐. 괜찮아질 거야.

(1) ㉠ (냉수 , 온수)　　　　　　(2) ㉡ (냉수 , 온수)

3 [243004-0115]
( ) 안에 알맞은 낱말을 보기에서 찾아 쓰세요.

보기
냉수　　수영　　온수　　홍수

(1) ( )가 안 나와서 찬물로 샤워를 했다.

(2) 구명조끼를 입고 바다에서 ( )을 하며 놀았다.

(3) ( )에 몸을 담갔더니 추워서 이가 덜덜 떨렸다.

(4) ( )로 다리가 물에 잠겨 이웃 마을에 갈 수가 없었다.

✏ 101쪽에서 공부한 낱말을 떠올리며 문제를 풀어 보세요.

[243004-0116]

4 뜻에 알맞은 낱말이 되도록 보기 에서 알맞은 글자를 찾아 쓰세요.

보기
입 전 급 생

(1) 학교에 다니면서 공부하는 사람.

학 [ ]

(2) 한 교실에서 공부하는 학생의 무리.

학 [ ]

(3) 학생이 되어 학교에 들어감.

[ ] 학

(4) 다른 학교로 옮겨 가서 배움.

[ ] 학

[243004-0117]

5 ㉠과 ㉡에 들어갈 알맞은 낱말을 각각 골라 ○표 하세요.

안녕? 나는 ○○ 초등학교에서 이곳으로 [㉠] 온 신윤주라고 해. ○○ 초등학교는 한 학년에 한 [㉡]밖에 없는 작은 학교였는데 이 학교는 엄청 커서 놀랐어. 우리 앞으로 친하게 지내자.

(1) ㉠ (전학 , 입학)   (2) ㉡ (수업 , 학급)

[243004-0118]

6 문장에 어울리는 낱말을 ( ) 안에서 골라 ○표 하세요.

(1) 수업을 마친 (학생 , 회사원)들이 교문으로 쏟아져 나왔다.

(2) 유치원에 다니는 내 동생은 내년에 초등학교에 (입학 , 졸업)한다.

3주차에서 공부한 낱말을 떠올리며 문제를 풀어 보세요.

낱말 뜻

1 [243004-0119]

뜻에 알맞은 낱말을 **보기**에서 찾아 쓰세요.

보기

간판   광고   편지   횟수

(1) 반복해서 일어나는 차례의 수. → (   )

(2) 다른 사람에게 하고 싶은 말을 적어서 보내는 글. → (   )

(3) 가게나 회사 이름을 크게 써서 건물의 밖에 걸거나 붙이거나 세우는 판.

→ (   )

(4) 물건이나 생각을 텔레비전이나 신문 등을 통해 사람들에게 널리 알리는 것.

→ (   )

낱말 뜻

2 ~ 3 낱말의 뜻은 무엇인지 (   ) 안에서 알맞은 말을 골라 ○표 하세요.

2 [243004-0120]

뿌듯하다   마음에 (기쁨 , 슬픔)이 가득하다.

3 [243004-0121]

자   눈금이 그려진, (무게 , 길이)를 재는 물건.

낱말 뜻

4 [243004-0122]

밑줄 친 낱말의 뜻으로 알맞은 것은 무엇인가요? (   )

골목에는 작은 가게가 늘어서 있다.

① 돌이 많은 길.

② 기차가 다니는 길.

③ 가파르게 기울어져 있는 길.

④ 큰길에서 들어가 동네 안을 이리저리 통하는 좁은 길.

⑤ 사람이 건너다닐 수 있도록 차도 위에 표시를 해 놓은 길.

5 [243004-0123]
뜻이 비슷한 말끼리 짝 지어진 것이 <u>아닌</u> 것은 무엇인가요? (   )

① 직업 - 생업   ② 입학 - 졸업   ③ 온수 - 더운물

④ 안내판 - 게시판   ⑤ 횡단보도 - 건널목

6 ~ 7 밑줄 친 낱말과 뜻이 반대되는 말을 골라 ○표 하세요.

6 [243004-0124]

내가 엘리베이터를 타려는 순간 엘리베이터 문이 <u>닫혔다</u>.

(막혔다 , 떨렸다 , 열렸다)

7 [243004-0125]

아이는 나를 보고 알은척을 했지만 나는 그 아이가 <u>낯설었다</u>.

(낯익었다 , 불쌍했다 , 창피했다)

8 [243004-0126]
문장에 어울리는 낱말을 (   ) 안에서 골라 ○표 하세요.

(1) 숙제를 (마친 , 맞힌) 뒤에 만화 영화를 보았다.

(2) 무럭무럭 자라라고 화초에 (거름 , 걸음)을 주었다.

(3) 엄마께서 오빠에게 "모자를 삐뚤게 쓰지 말고 (반드시 , 반듯이) 써야지."라고 말씀하셨다.

낱말 활용

9~11 빈칸에 들어갈 알맞은 낱말을 찾아 선으로 이으세요.

9 [243004-0127]

지우개의 길이를 [　　　]하면 약 **3**센티미터이다.　　　•

•㉠ 가지

10 [243004-0128]

바다를 두 [　　　] 색을 사용해 칠했더니 멋져 보였다.　　　•

•㉡ 어림

11 [243004-0129]

우리 마을은 해마다 마을 사람들이 찍은 사진을 모아 [　　　]를 연다.　　　•

•㉢ 전시회

낱말 활용

12~15 (　　) 안에 알맞은 낱말을 보기 에서 찾아 쓰세요.

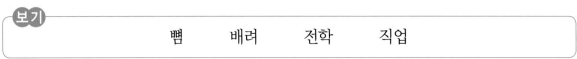

보기
　　　뼘　　　배려　　　전학　　　직업

12 [243004-0130]
형은 나보다 키가 한 (　　　　　) 정도 더 크다.

13 [243004-0131]
내가 체험할 (　　　　　)은 미용사여서 빗, 보자기, 드라이기를 준비했다.

14 [243004-0132]
우리 집이 제주도로 이사를 가면 나는 제주도에 있는 학교로 (　　　　　)을 가야 한다.

15 [243004-0133]
버스에서 할아버지와 할머니께 자리를 양보해 드리는 것도 남을 (　　　　　)하는 행동이다.

4주차 어휘 미리 보기

한 주 동안 공부할 어휘들이야. 쓱 한번 훑어볼까?

1회

국어 교과서 어휘

잃어버리다	감사하다
주말	속상하다
흐리다	사과하다
쪽지	자랑스럽다
골	친절하다

학습 계획일 ⃝ 월 ⃝ 일

2회

세계 교과서 어휘

여행	지구촌
계획	다양하다
전통 의상	자랑거리
문화	올림픽
존중	개회식

학습 계획일 ⃝ 월 ⃝ 일

3회

국어 교과서 어휘

감상	인형극
표정	조명
몸짓	등장하다
까딱	느릿느릿
신호	오누이

학습 계획일 ⃝ 월 ⃝ 일

4회

수학 교과서 어휘

기준	묶다
표시	자루
분류	배
결과	곱셈
탈것	대

학습 계획일 ⃝ 월 ⃝ 일

5회

한자 어휘

백조	노력
백설	체력
백사장	속력
백호	집중력

학습 계획일 ⃝ 월 ⃝ 일

어휘력 테스트

다음 중 낱말의 뜻을 잘 알고 있는 것에 ✔ 하세요.

☐ 잃어버리다 ☐ 주말 ☐ 흐리다 ☐ 쪽지 ☐ 골

✏️ 낱말을 읽고,  부분에 밑줄을 그으면서 낱말 공부를 해 보세요.

 이것만은 꼭!

잃어버리다

뜻 가졌던 물건을 흘리거나 놓쳐서 더 이상 갖지 않게 되다.

예 민하가 교실에서 지우개를 잃어버려 찾고 있었어요.

헷갈리기 쉬운 말 **잊어버리다**

'잊어버리다'는 "한번 알았던 것을 기억하지 못하다."라는 뜻이야. "친구의 이름을 잊어버렸어요."와 같이 쓰여. '잃어버리다'가 '물건'과 관계가 있다면 '잊어버리다'는 '기억'과 관계가 있어.

✏️ 따라 써요!

잃	어	버	리	다

주말

뜻 한 주일의 끝. 주로 토요일과 일요일을 말함.

예 지난 주말에 도서관에 가서 책을 빌렸어요.

✏️ 따라 써요!

주	말

흐리다

뜻 분명하지 않게 하다.

예 친구들 앞에서 발표할 때에는 말끝을 흐리지 않고 말해야 해요.

✏️ 따라 써요!

흐	리	다

쪽지

뜻 어떤 내용의 글을 적은 종잇조각.

예 색연필을 빌려준 친구에게 고맙다는 내용의 쪽지를 전했어요.

✏️ 따라 써요!

쪽	지

골

뜻 축구, 농구 등의 경기에서 문이나 바구니에 공을 넣어 점수를 얻는 일. 또는 공을 넣어 얻은 점수.

예 옆 반과 축구할 때 내가 한 골을 넣었어요.

여러 가지 뜻을 가진 낱말 골

'골'은 축구, 농구 등의 경기에서 공을 넣으면 점수를 얻는 공간을 뜻하기도 해. "우리나라 선수가 공을 몰며 골을 향해 달려가요."와 같이 쓰여.

▲ 축구 골

▲ 농구 골

✏️ 따라 써요!

골

자주 틀리는 맞춤법

내 생일잔치에
널 초대할께. ♡
꼭 와 주면 좋겠어.
★ 때: 이번 주 토요일.
❀ 곳: 공원 옆 빨간 대문 집.

'초대할께'가 아니라 '초대할게'라고 써야 한단다.

이미 100장이나 썼는데 어떡해요!

도움말 '전화할께', '숙제할께'에서 '할께'는 모두 '할게'로 고쳐 써야 해요.

다음 중 낱말의 뜻을 잘 알고 있는 것에 ✔ 하세요.

☐ 감사하다 ☐ 속상하다 ☐ 사과하다 ☐ 자랑스럽다 ☐ 친절하다

 낱말을 읽고, ▨▨▨ 부분에 밑줄을 그으면서 낱말 공부를 해 보세요.

감사하다

뜻 고마운 마음이 있다.
　↪ '고맙다'는 남의 도움에 대해 마음이 흐뭇하고 즐겁다는 뜻이야.
예 우리가 안전하게 길을 건널 수 있도록 도와주시는 지킴이 선생님께 감사한 마음을 전하고 싶어요.

✐ 따라 써요!

감	사	하	다

속상하다

뜻 마음이 편하지 않고 괴롭다.
예 친구가 뚱뚱하다고 놀리면 속상할 것 같아요.

✐ 따라 써요!

속	상	하	다

 이것만은 꼭!

사과하다

뜻 자기의 잘못을 인정하며 용서해 달라고 빌다.
예 친구에게 소리 질러서 미안하다고 사과했어요.

내가 잘못했어.

관련 어휘 　용서하다

'용서하다'는 "잘못이나 죄에 대해 꾸짖거나 벌을 주지 않고 너그럽게 보아주다."라는 뜻이야. "선생님께서 내가 저지른 잘못을 용서해 주셨어요."와 같이 쓰여.

✐ 따라 써요!

사	과	하	다

자랑스럽다

뜻 남에게 드러내어 뽐낼 만한 데가 있다.

예 그림 그리기 대회에서 상을 타서 자랑스러운 마음이 들어요.

✏️ 따라 써요!

자	랑	스	럽	다

친절하다

뜻 사람을 대하는 태도가 매우 다정하고 부드럽다.

예 내가 슈퍼마켓이 어디에 있는지 묻자 아저씨께서 친절하게 알려 주셨어요.

> 친절하지 않은 것은 '불친절하다'라고 해. "식당 주인이 불친절해서 기분이 안 좋았어요."와 같이 쓰여.

✏️ 따라 써요!

친	절	하	다

헷갈리는 우리말

넌 나의 한 줄기 빛이야.

빚이라고? 내가 너한테 꾼 돈이 있었니?

그 뜻이 아니야.

희망을 말한 거야.

그럼 '빛'이라고 했어야지.

도움말 남에게 갚아야 할 돈을 뜻하는 낱말은 '빚'이고, 희망을 뜻하는 낱말은 '빛'이에요.

108~109쪽에서 공부한 낱말을 떠올리며 문제를 풀어 보세요.

1 [243004-0134]

낱말의 뜻을 보기 에서 찾아 사다리를 타고 내려간 곳에 기호를 쓰세요.

보기

㉠ 어떤 내용의 글을 적은 종잇조각.

㉡ 한 주일의 끝. 주로 토요일과 일요일을 말함.

㉢ 축구, 농구 등의 경기에서 문이나 바구니에 공을 넣어 점수를 얻는 일. 또는 공을 넣어 얻은 점수.

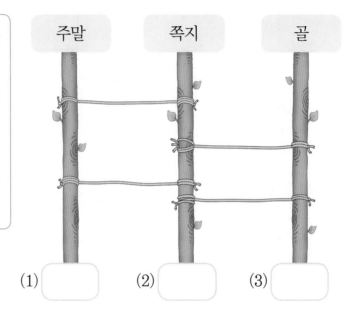

주말　　쪽지　　골

(1) ⬜　　(2) ⬜　　(3) ⬜

2 [243004-0135]

빈칸에 들어갈 알맞은 낱말을 골라 ○표 하세요.

너 왜 울고 있어?

엄마께서 새로 사 주신 우산을 학교에서 ⬜ .

(잃어버렸어 , 잊어버렸어)

3 [243004-0136]

문장에 어울리는 낱말을 ( ) 안에서 골라 ○표 하세요.

(1) 우리 가족은 학교와 회사를 가지 않는 (팻말 , 주말)에는 공원에 간다.

(2) 우리 학교 축구팀은 오늘 경기에서 세 (골 , 곳)을 넣어 3:1로 이겼다.

(3) 발표할 때 말끝을 (빌리면 , 흐리면) 듣는 사람들에게 발표 내용을 잘 전달할 수 없다.

110~111쪽에서 공부한 낱말을 떠올리며 문제를 풀어 보세요.

[243004-0137]

4 뜻에 알맞은 낱말을 보기에서 찾아 쓰세요.

보기

속상하다   감사하다   자랑스럽다

(1) [   ]

고마운 마음이 있다.

(2) [   ]

마음이 편하지 않고 괴롭다.

(3) [   ]

남에게 드러내어 뽐낼 만한 데가 있다.

[243004-0138]

5 빈칸에 들어갈 알맞은 낱말을 찾아 선으로 이으세요.

(1) 달리기 대회에서 일 등을 한 오빠가 [   ].   •

• ㉠ 감사했다

(2) 내 공책에 낙서한 동생이 잘못했다고 [   ].   •

• ㉡ 사과했다

(3) 놀이공원에서 신나게 놀고 있는데 갑자기 비가 와서 [   ].   •

• ㉢ 속상했다

(4) 선생님께서 수학 문제를 친절하게 설명해 주셔서 [   ].   •

• ㉣ 자랑스러웠다

다음 중 낱말의 뜻을 잘 알고 있는 것에 ☑ 하세요.

☐ 여행 ☐ 계획 ☐ 전통 의상 ☐ 문화 ☐ 존중

세계 지도와 여러 나라의 전통 의상을 보니까 세계여행을 가고 싶지? 여행을 떠나기 전에 낱말을 공부하며 여행 계획을 세워 보자.

✏️ 낱말을 읽고, ▨▨▨ 부분에 밑줄을 그으면서 낱말 공부를 해 보세요.

여행

> 🔖 **뜻** 다른 고장이나 다른 나라를 구경하며 다니는 일.
>
> 📖 **예** 여름 방학에 말레이시아로 여행을 가고 싶어요.
>
> ✏️ **따라 써요!**
>
>

계획

> 🔖 **뜻** 앞으로 할 일을 미리 자세히 생각하여 정함.
>
> 📖 **예** 여행을 가기 전에 언제 갈지, 어디로 갈지, 무엇을 타고 갈지, 어떤 옷을 입을지 등 계획을 세워 보았어요.
>
> ✏️ **따라 써요!**
>
>

전통 의상

뜻 오래전부터 전해 내려오는 방식대로 만든 옷.

예 사리는 인도 여성들의 전통 의상이에요.

▲ 사리를 입은 모습

따라 써요!

문화

뜻 사람들이 함께 생활하면서 만들어지고 전해지는 생활 방식.

예 태국에는 다른 사람의 머리를 만지면 안 되는 문화가 있어요.

따라 써요!

음식, 옷, 집, 말, 학문, 예술, 종교 등 모든 것이 문화에 포함돼.

존중

뜻 의견이나 사람을 높이어 귀중하게 여김.

예 다른 나라의 문화를 존중해야 해요.

따라 써요!

세계 교과서 어휘

다음 중 낱말의 뜻을 잘 알고 있는 것에 ✓ 하세요.

☐ 지구촌 ☐ 다양하다 ☐ 자랑거리 ☐ 올림픽 ☐ 개회식

지구촌 곳곳에 있는 멋진 것을 구경하니 즐겁지? 낱말 공부도 더 잘될 것 같은데 시작해 볼까?

✏️ 낱말을 읽고, ▢ 부분에 밑줄을 그으면서 낱말 공부를 해 보세요.

지구촌

뜻 지구 전체를 한 마을처럼 여겨 이르는 말.

예 지구촌을 돌아다니며 멋진 건축과 조각을 구경해요.

뜻을 더하는 말 **-촌**

'지구촌'에서 '-촌'은 '마을'을 뜻해. '아파트촌'은 아파트가 모여 있는 마을을 뜻하고, '민속촌'은 옛날 생활 모습을 보여 주기 위해 꾸며 놓은 마을을 뜻해.

✏️ 따라 써요!

| 지 | 구 | 촌 |

다양하다

뜻 모양, 색깔, 내용 등이 여러 가지로 많다.

예 세계 여러 나라 어린이가 가지고 노는 장난감의 종류는 다양해요.

✏️ 따라 써요!

| 다 | 양 | 하 | 다 |

자랑거리

뜻 남에게 드러내어 뽐낼 만한 것.

예 프랑스의 자랑거리는 에펠 탑이에요.

'자랑거리'는
'자랑감'이라고도 해.

따라 써요!

| 자 | 랑 | 거 | 리 |

올림픽

뜻 4년에 한 번씩 열리는 국제 운동 경기 대회.

예 올림픽은 세계 사람들이 함께 스포츠를 즐기며 서로 화합하는 행사예요.

'올림픽'은
'국제 올림픽 경기 대회'라고
하기도 해.

따라 써요!

| 올 | 림 | 픽 |

개회식

뜻 회의나 모임 등을 시작할 때 하는 의식.
└ 정해진 방법에 따라 치르는 행사를 뜻해.

예 올림픽 개회식에서 세계 여러 나라 선수들이 자기 나라의 국기를 흔들며 경기장에 입장했어요.

뜻이 반대되는 말 폐회식

'폐회식'은 회의나 모임 등을 마칠 때 하는 의식을 뜻해. "운동회 경기가 모두 끝나고 폐회식이 열렸어요."와 같이 쓰여.

따라 써요!

| 개 | 회 | 식 |

114~115쪽에서 공부한 낱말을 떠올리며 문제를 풀어 보세요.

1 [243004-0139]

뜻에 알맞은 낱말이 되도록 보기 에서 알맞은 글자를 찾아 쓰세요.

보기
| 문 | 의 | 전 | 존 | 행 |

(1) 의견이나 사람을 높이어 귀중하게 여김.

| | 중 |

(2) 오래전부터 전해 내려오는 방식대로 만든 옷.

| | 통 | | 상 |

(3) 사람들이 함께 생활하면서 만들어지고 전해지는 생활 방식.

| | 화 |

(4) 다른 고장이나 다른 나라를 구경하며 다니는 일.

| 여 | |

2 [243004-0140]

빈칸에 들어갈 알맞은 낱말을 찾아 선으로 이으세요.

(1) 우리나라의 [ ]은 한복이다. •

• ㉠ 계획

(2) 실천할 수 있는 것으로 [ ]을 세워야 한다. •

• ㉡ 문화

(3) 프랑스에서는 빵을 손으로 떼어서 먹는 [ ]가 있다. •

• ㉢ 존중

(4) 친구의 생각이 나와 달라도 무시하지 말고 [ ]해야 한다. •

• ㉣ 전통 의상

✏️ 116~117쪽에서 공부한 낱말을 떠올리며 문제를 풀어 보세요.

3 [243004-0141]

뜻에 알맞은 낱말을 보기에서 찾아 쓰세요.

보기
| 올림픽 | 지구촌 | 자랑거리 |

(1) ☐   남에게 드러내어 뽐낼 만한 것.

(2) ☐   지구 전체를 한 마을처럼 여겨 이르는 말.

(3) ☐   4년에 한 번씩 열리는 국제 운동 경기 대회.

4 [243004-0142]

밑줄 친 낱말과 뜻이 반대되는 말이 되도록 빈칸에 알맞은 글자를 쓰세요.

운동장에서 체육 대회 <u>개회식</u>이 열렸다.

	회	식

5 [243004-0143]

빈칸에 들어갈 낱말은 무엇인지 알맞은 글자를 모두 골라 ○표 하세요.

(1) 이집트의 ☐☐☐☐는 왕이나 왕족의 무덤인 피라미드이다.

| 자 | 랑 | 신 | 거 | 리 |

(2) ☐☐☐에서는 좋은 성적을 거둔 선수들에게 금메달, 은메달, 동메달을 준다.

| 월 | 올 | 운 | 림 | 픽 |

(3) 초밥, 케밥, 스파게티, 쌀국수 등 ☐☐한 세계 음식 중에 무엇을 먹을지 고민이다.

| 맛 | 소 | 다 | 양 | 정 |

다음 중 낱말의 뜻을 잘 알고 있는 것에 ✓ 하세요.

☐ 감상 ☐ 표정 ☐ 몸짓 ☐ 까딱 ☐ 신호

✏️ 낱말을 읽고, ▨▨▨ 부분에 밑줄을 그으면서 낱말 공부를 해 보세요.

 이것만은 꼭!

감상

뜻 예술 작품이나 경치를 즐기고 이해하면서 평가함.
　꿀팁 시, 그림, 음악, 연극, 영화 등을 말해.
예 시의 장면을 떠올리며 시를 감상했어요.

✏️ 따라 써요!
감 | 상

표정

뜻 생각이나 기분이 얼굴에 드러난 모습.
예 친구가 반가운 표정으로 나를 쳐다보았어요.

✏️ 따라 써요!
표 | 정

몸짓

뜻 몸을 움직이는 모양.
예 시 속 인물이 팔을 흔드는 모습을 몸짓으로 표현했어요.

✏️ 따라 써요!
몸 | 짓

까딱

뜻 고개 등을 아래위로 가볍게 한 번 움직이는 모양.

예 길 건너에 있는 친구를 보고 까딱 인사를 했어요.

> 고개 등을 아래위로 움직이는 모양은 '까딱' 외에도 '까닥', '끄덕'을 사용해 표현할 수 있어.

 따라 써요!

까	딱

신호

뜻 어떤 내용을 전하기 위해 서로 약속해 사용하는 일정한 소리, 색깔, 몸짓 등.

예 현우가 왼쪽 뺨을 만지는 것은 복도에서 만나자는 신호예요.

 따라 써요!

신	호

자주 틀리는 맞춤법

도움말 '어떡해' 또는 '어떻게 해'라고 써야 해요.

다음 중 낱말의 뜻을 잘 알고 있는 것에 ✓ 하세요.

☐ 인형극 ☐ 조명 ☐ 등장하다 ☐ 느릿느릿 ☐ 오누이

✏️ 낱말을 읽고, ⬜ 부분에 밑줄을 그으면서 낱말 공부를 해 보세요.

 이것만은 꼭!

인형극

🟦뜻 인형을 가지고 하는 연극.

🟦예 막대에 붙인 종이 인형을 이용해 만든 막대 인형극을 보았어요.

관련 어휘 **연극**

'연극'은 배우가 무대 위에서 이야기의 내용을 말과 행동으로 사람들에게 보여 주는 예술을 말해.

✏️ 따라 써요!

인	형	극

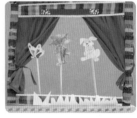
▲ 막대 인형극

조명

🟦뜻 무대나 사진을 찍는 대상에 비추는 빛.

🟦예 그림자 인형극은 인형을 조명에 비추어 생긴 그림자를 이용해 만들어요.

✏️ 따라 써요!

조	명

▲ 그림자 인형극

등장하다

🟦뜻 동화, 연극, 영화 등에 어떤 인물이 나오다.

🟦예 인형극 「사자와 생쥐」에 등장하는 인물은 사자, 생쥐, 너구리, 여우 등이에요.

✏️ 따라 써요!

등	장	하	다

느릿느릿

뜻 동작이 매우 느린 모양.

예 인형극 「사자와 생쥐」에서 너구리는 느릿느릿 말하고 행동해요.

'느릿느릿'을 소리 내어 읽을 때는 [느린느릳]으로 발음해.

✏ 따라 써요!

| 느 | 릿 | 느 | 릿 |

오누이

뜻 오빠와 여동생. 또는 누나와 남동생.

예 「해와 달이 된 오누이」에서 하늘로 올라간 오빠는 달이 되고 여동생은 해가 되었어요.

뜻이 비슷한 말 남매

'오누이'와 '남매'는 뜻이 비슷해서 서로 바꾸어 쓸 수 있어.

✏ 따라 써요!

| 오 | 누 | 이 |

헷갈리는 우리말

나그네는 여기서 묶고 가세요.

뭘 묶으라는 거지? 갓끈을 고쳐 묶어야 하나?
나그네는 여기서 묶고 가세요.

여기서 머무르고 가라는 말이오.
그렇다면 '묵고'라고 써야 하오.

도움말 '묵다'는 일정한 곳에서 머무르는 것을 뜻하고, '묶다'는 끈, 줄 등을 매듭으로 만드는 것을 뜻해요.

120~121쪽에서 공부한 낱말을 떠올리며 문제를 풀어 보세요.

1 [243004-0144]
낱말의 뜻은 무엇인지 ( ) 안에서 알맞은 말을 골라 ○표 하세요.

(1)
| 표정 | 생각이나 기분이 얼굴에 (드러난 , 감추어진) 모습. |

(2)
| 까딱 | 고개 등을 (양옆 , 아래위)(으)로 가볍게 한 번 움직이는 모양. |

(3)
| 신호 | 어떤 내용을 전하기 위해 서로 (약속 , 양보)해 사용하는 일정한 소리, 색깔, 몸짓 등. |

2 [243004-0145]
밑줄 친 낱말의 뜻으로 알맞은 것에 ○표 하세요.

> 아빠께서는 음악을 <u>감상</u>할 때 헤드폰을 끼신다.

(1) 예술 작품을 처음으로 만들어 냄. ( )

(2) 여럿이 모여 예술이나 기술 등의 실력을 겨룸. ( )

(3) 예술 작품이나 경치를 즐기고 이해하면서 평가함. ( )

3 [243004-0146]
빈칸에 들어갈 알맞은 낱말을 찾아 선으로 이으세요.

(1)
| 수민이는 좋다는 대답 대신 고개를 ☐ 움직였다. |

· ㉠ 몸짓

(2)
| 과자를 땅에 떨어뜨린 동생은 슬픈 ☐을 지었다. |

· ㉡ 까딱

(3)
| 바닥에 털썩 주저앉는 친구의 ☐을 따라 했다. |

· ㉢ 표정

122~123쪽에서 공부한 낱말을 떠올리며 문제를 풀어 보세요.

[243004-0147]

4 뜻에 알맞은 낱말을 글자판에서 찾아 묶으세요. (낱말은 가로(一), 세로(ㅣ) 방향에 숨어 있어요.)

등	장	하	다
산	골	구	조
오	누	이	명
느	릿	느	릿

❶ 동작이 매우 느린 모양.
❷ 오빠와 여동생. 또는 누나와 남동생.
❸ 무대나 사진을 찍는 대상에 비추는 빛.
❹ 동화, 연극, 영화 등에 어떤 인물이 나오다.

[243004-0148]

5 빈칸에 알맞은 글자를 써넣어 낱말을 완성하세요.

피노키오와 제페토 할아버지 인형이 무대 위에서 연기를 하는

| | 형 | |

을 보았다.

[243004-0149]

6 ( ) 안에 알맞은 낱말을 보기에서 찾아 쓰세요.

보기

등장   조명   느릿느릿

(1) 동생이 (   ) 말해서 답답한 마음이 들었다.

(2) 무대 위에 사자가 나오자 (   )이 사자를 밝게 비추었다.

(3) 「흥부와 놀부」에 (   )하는 인물은 흥부, 흥부 아내, 놀부, 놀부 아내 등
이다.

3회 끝!
붙임딱지

다음 중 낱말의 뜻을 잘 알고 있는 것에 ✓ 하세요.
☐ 기준 ☐ 표시 ☐ 분류 ☐ 결과 ☐ 탈것

✏️ 낱말을 읽고, ▨▨▨ 부분에 밑줄을 그으면서 낱말 공부를 해 보세요.

기준

- 뜻 종류를 나누거나 비교하기 위해 따르는 일정한 원칙.
- 예 색깔을 기준으로 신발을 나누어 정리했어요.
- 🖉 따라 써요!

기	준

표시

- 뜻 표를 하여 겉에 드러내 보임.
- 예 단추를 빠뜨리지 않고 세려고 그림에 표시를 하면서 수를 세었어요.
- 🖉 따라 써요!

표	시

 이것만은 꼭!

분류

뜻 여럿을 종류에 따라 나눔.

예 동물을 다리 수에 따라 분류했어요.

다리 0개	다리 2개	다리 4개
뱀, 금붕어, 돌고래	참새, 오리, 독수리	양, 얼룩말, 코뿔소

✏️ 따라 써요!

분	류

4
주차

1회
2회
3회
4회
5회

결과

뜻 어떤 일이 끝난 뒤의 상태.

예 분류 기준이 다르면 분류 결과가 달라져요.

관련 어휘 원인

'원인'은 어떤 일이 일어나게 하는 일을 말해. '원인'에는 항상 '결과'가 있고, '결과'에는 항상 '원인'이 있지. "이번 사고의 <u>원인</u>은 차가 교통 신호를 어겼기 때문이에요. 그 <u>결과</u> 길을 건너던 사람이 크게 다쳤어요." 와 같이 쓸 수 있어.

✏️ 따라 써요!

결	과

탈것

뜻 사람이 타고 다니는 물건.

예 이용하는 장소에 따라 탈것을 나누었어요.

바다	땅	하늘

✏️ 따라 써요!

탈	것

다음 중 낱말의 뜻을 잘 알고 있는 것에 ☑ 하세요.

☐ 묶다 ☐ 자루 ☐ 배 ☐ 곱셈 ☐ 대

✏️ 낱말을 읽고, ⬜ 부분에 밑줄을 그으면서 낱말 공부를 해 보세요.

묶다

뜻 여럿을 한곳으로 모으거나 합하다.

예 오렌지를 4개씩 묶으면 4묶음이니까 오렌지는 모두 16개예요.

✏️ 따라 써요!

묶 다

4개씩 4묶음

| 4 | 8 | 12 | 16 |

자루

뜻 길쭉하게 생긴 필기도구, 연장, 무기 등을 세는 말.
↳ 낫, 삽 등과 같이 어떠한 일을 하는 데 사용하는 도구를 뜻해.

예 색연필을 바구니에 5자루씩 넣어 3묶음을 만들었어요.

✏️ 따라 써요!

자 루

 이것만은 꼭!

배

뜻 앞의 수나 양만큼 거듭된다는 말.

예 2의 3배는 6이에요.

'배'와 비슷한 뜻으로 '곱절'이라는 낱말도 있어.

글자는 같지만 뜻이 다른 낱말 배

'배'는 사람이나 동물의 몸에서 가슴과 엉덩이 사이의 부분을 뜻하기도 하고, 사람이나 물건을 싣고 물 위를 다니는 탈것을 뜻하기도 해. 그리고 배나무의 열매를 뜻하기도 하지. 그래서 '배'가 들어간 문장은 앞뒤 내용을 통해 뜻을 파악해야 해.

✏ 따라 써요!

배

곱셈

뜻 곱하여 계산함.

예 곱셈을 하면 달걀이 한 판에 몇 개 있는지 금세 셀 수 있어요.

관련 어휘 곱하다

'곱하다'는 "앞의 수를 뒤의 수만큼 거듭해서 합치다."라는 뜻이야. "6에 3을 곱하면 18이 되어요."와 같이 쓰여.

✏ 따라 써요!

곱 셈

대

뜻 차, 악기, 기계 등을 세는 말.

예 기타가 7대씩 2묶음이 있으니까 기타는 모두 14대예요.

✏ 따라 써요!

대

126~127쪽에서 공부한 낱말을 떠올리며 문제를 풀어 보세요.

1 [243004-0150]
빈칸에 들어갈 낱말은 무엇인지 알맞은 글자를 모두 골라 ○표 하세요.

(1) 사람이 타고 다니는 물건을 □□이라고 한다.

| 거 | 탈 | 태 | 것 | 차 |

(2) 어떤 일이 끝난 뒤의 상태를 □□라고 한다.

| 결 | 원 | 무 | 인 | 과 |

(3) 종류를 나누거나 비교하기 위해 따르는 일정한 원칙을 □□이라고 한다.

| 구 | 이 | 기 | 준 | 별 |

2 [243004-0151]
㉠과 ㉡에 들어갈 낱말이 알맞게 짝 지어진 것에 ○표 하세요.

꽃의 색깔을 [㉠](으)로 장미꽃을 [㉡]했다.

(1) ㉠ 분류 - ㉡ 기준 (   )   (2) ㉠ 기준 - ㉡ 분류 (   )

3 [243004-0152]
문장에 어울리는 낱말을 (   ) 안에서 골라 ○표 하세요.

(1) 달력에 내 생일을 별표로 크게 (관찰 , 표시)해 두었다.

(2) 우산을 길이에 따라 나눈 (원인 , 결과) 짧은 것은 **5**개, 긴 것은 **3**개이다.

✏️ 128~129쪽에서 공부한 낱말을 떠올리며 문제를 풀어 보세요.

[243004-0153]

4 낱말의 뜻을 보기에서 찾아 사다리를 타고 내려간 곳에 기호를 쓰세요.

보기
ㄱ 곱하여 계산함.
ㄴ 앞의 수나 양만큼 거듭된다는 말.
ㄷ 차, 악기, 기계 등을 세는 말.
ㄹ 여럿을 한곳으로 모으거나 합하다.

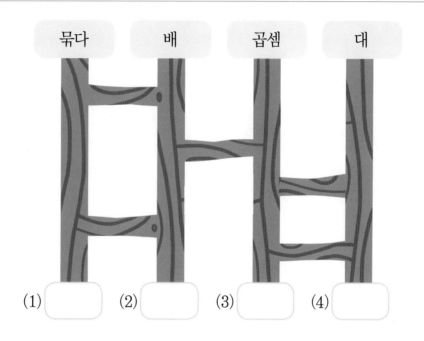

묶다   배   곱셈   대

(1) ☐   (2) ☐   (3) ☐   (4) ☐

[243004-0154]

5 문장에 어울리는 낱말을 ( ) 안에서 골라 ○표 하세요.

구슬을 3개씩 (묵고 , 묶고) 나서 구슬이 1개 남았다.

[243004-0155]

6 밑줄 친 낱말의 쓰임이 알맞으면 ○표, 알맞지 <u>않으면</u> ✕표 하세요.

(1) 5씩 3묶음은 5의 3<u>배</u>이다. ( )

(2) 자동차의 수는 2<u>대</u>씩 묶으면 6묶음이다. ( )

(3) 국화꽃이 4<u>자루</u>씩 2묶음이 있으면 국화꽃은 모두 8<u>자루</u>이다. ( )

4회 끝!
붙임딱지

白 (백)이 들어간 낱말

모양	뜻	음
白	희다 '백(白)'은 촛불의 심지와 밝게 빛나는 불빛을 본 떠 만든 글자야. '백(白)'은 '희다'를 뜻해.	백

✏️ '白(백)'이 들어간 낱말을 읽고, 부분에 밑줄을 그으면서 낱말 공부를 해 보세요.

백조 — 白 鳥
흰 백 / 새 조

뜻 몸 전체가 흰색인 물새.

예 호수에 떠 있는 백조가 아름다워요.

백설 — 白 雪
흰 백 / 눈 설

뜻 하얀 눈.

예 밤새 내린 백설이 마을을 뒤덮었어요.

백사장 — 白 沙 場
흰 백 / 모래 사 / 마당 장

뜻 강이나 바닷가의 흰모래가 깔려 있는 곳.

예 아빠와 함께 백사장을 거닐었어요.

백호 — 白 虎
흰 백 / 범 호

뜻 몸바탕이 흰 호랑이.

예 백호는 흰색 바탕에 검은 줄무늬가 있어요.

力 (력)이 들어간 낱말

모양	뜻	음
力	힘	력

'력(力)'은 밭을 가는 농기구의 모습을 본떠 만든 글자야. 농사일을 하려면 힘이 많이 필요한 만큼 '력(力)'은 '힘'을 뜻해.

✏️ '力(력)'이 들어간 낱말을 읽고, ▨▨▨ 부분에 밑줄을 그으면서 낱말 공부를 해 보세요.

노력 努力
힘쓸 노 · 힘 력

뜻 힘을 들이고 애를 씀.

예 줄넘기를 잘하기 위해 열심히 노력했어요.

체력 體力
몸 체 · 힘 력

뜻 몸의 힘이나 기운.

예 체력을 기르려고 운동을 해요.

속력 速力
빠를 속 · 힘 력

뜻 물체가 움직이는 빠르기의 크기.

예 자동차는 자전거보다 속력이 빨라요.

집중력 集中力
모을 집 · 가운데 중 · 힘 력

뜻 한 가지 일에 쏟아붓는 힘.

예 음악을 크게 들으면서 공부하면 집중력이 떨어져요.

✏️ 132쪽에서 공부한 낱말을 떠올리며 문제를 풀어 보세요.

1 [243004-0156]

뜻에 알맞은 낱말을 보기 에서 찾아 사다리를 타고 내려간 곳에 쓰세요.

보기

백조　　　백설　　　백호

몸바탕이 흰 호랑이.　　　몸 전체가 흰색인 물새.　　　하얀 눈.

(1) ☐　　　(2) ☐　　　(3) ☐

2 [243004-0157]

(　　　) 안에 알맞은 낱말을 보기 에서 찾아 쓰세요.

보기

백설　　　백호　　　백사장

(1) 바닷가 (　　　　　　)은 휴가를 온 사람들로 북적였다.

(2) 눈이 오면 뒷산이 온통 (　　　　　)로 뒤덮여 눈이 부시다.

(3) 동물원에서 털이 눈처럼 희고 검은 줄무늬가 있는 (　　　　　)를 보았다.

133쪽에서 공부한 낱말을 떠올리며 문제를 풀어 보세요.

[243004-0158]

3 뜻에 알맞은 낱말을 빈칸에 쓰세요.

(1)
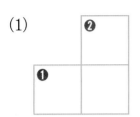

| 가로 ❶ | 힘을 들이고 애를 씀. |
| 세로 ❷ | 몸의 힘이나 기운. |

(2)
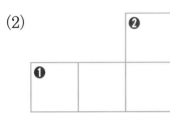

| 가로 ❶ | 한 가지 일에 쏟아붓는 힘. |
| 세로 ❷ | 물체가 움직이는 빠르기의 크기. |

[243004-0159]

4 ㉠과 ㉡에 들어갈 낱말이 알맞게 짝 지어진 것에 ○표 하세요.

나는 예전보다 ㉠ 이 좋아진 것 같아.

열심히 운동하면서 ㉡ 한 결과구나.

(1) ㉠ 체력 – ㉡ 노력 (   )   (2) ㉠ 집중력 – ㉡ 속력 (   )

[243004-0160]

5 문장에 어울리는 낱말을 (   ) 안에서 골라 ○표 하세요.

(1) 내리막길에서는 자전거의 (속력 , 체력)이 훨씬 빨라진다.

(2) 나는 (속력 , 집중력)이 부족해서 수업 시간에 자꾸 딴생각을 한다.

4주차에서 공부한 낱말을 떠올리며 문제를 풀어 보세요.

낱말 뜻

1 [243004-0161]

낱말과 그 뜻이 알맞게 짝 지어지지 <u>않은</u> 것은 무엇인가요? (   )

① 집중력 – 한 가지 일에 쏟아붓는 힘.

② 결과 – 어떤 일이 일어나게 하는 일.

③ 쪽지 – 어떤 내용의 글을 적은 종잇조각.

④ 조명 – 무대나 사진을 찍는 대상에 비추는 빛.

⑤ 다양하다 – 모양, 색깔, 내용 등이 여러 가지로 많다.

낱말 뜻

2 ~ 3 낱말의 뜻은 무엇인지 (   ) 안에서 알맞은 말을 골라 ○표 하세요.

2 [243004-0162]

전통 의상   오래전부터 전해 내려오는 방식대로 만든 (옷 , 집).

3 [243004-0163]

사과하다   자기의 잘못을 인정하며 (그만 , 용서)해 달라고 빌다.

낱말 뜻

4 [243004-0164]

다음 낱말과 관련 있는 색깔은 무엇인가요? (   )

| 백조 | 백설 | 백사장 | 백호 |

① 흰색   ② 빨간색   ③ 검은색   ④ 노란색   ⑤ 파란색

뜻이 비슷한 말

5 [243004-0165]

밑줄 친 낱말과 뜻이 비슷한 말은 무엇인가요? (   )

옆집에 사는 <u>오누이</u>는 사이가 좋아.

① 형   ② 친구   ③ 언니

④ 아우   ⑤ 남매

6 [243004-0166]
문장에 어울리는 낱말을 (   ) 안에서 골라 ○표 하세요.

(1)
교실에서 (잃어버린 , 잊어버린) 색연필을 다시 찾아 기뻤다.

(2)
고모네 집 전화번호를 (잃어버려서 , 잊어버려서) 엄마께서 알려 주셨다.

7 [243004-0167]
낱말의 뜻을 살펴보고 빈칸에 공통으로 들어갈 말을 쓰세요.

- 지구☐ : 지구 전체를 한 마을처럼 여겨 이르는 말.
- 아파트☐ : 아파트가 모여 있는 마을.
- 민속☐ : 옛날 생활 모습을 보여 주기 위해 꾸며 놓은 마을.

(   )

8 [243004-0168]
밑줄 친 낱말의 뜻을 찾아 선으로 이으세요.

(1) 4의 2<u>배</u>는 8이다. •

• ㉠ 앞의 수나 양만큼 거듭된다는 말.

(2) <u>배</u>를 타고 제주도에 갔다. •

• ㉡ 사람이나 동물의 몸에서 가슴과 엉덩이 사이의 부분.

(3) 밥을 많이 먹어서 <u>배</u>가 불룩 나왔다. •

• ㉢ 사람이나 물건을 싣고 물 위를 다니는 탈것.

낱말 활용

9 ~ 11 밑줄 친 낱말의 쓰임이 알맞으면 ○표, 알맞지 <u>않으면</u> ✕표 하세요.

9 [243004-0169]

오토바이가 모두 몇 <u>자루</u>인지 묶어 세어 보았다. ( )

10 [243004-0170]

친구가 거북처럼 <u>느릿느릿</u> 걸어서 빨리 좀 걸으라고 말했다. ( )

11 [243004-0171]

모든 경기를 끝낸 선수들은 편한 마음으로 올림픽을 마무리하는 <u>개회식</u>에 참석했다. ( )

낱말 활용

12 ~ 15 ( ) 안에 알맞은 낱말을 보기에서 찾아 쓰세요.

보기

| 감상 | 분류 | 속상 | 여행 |

12 [243004-0172]
노래를 잘하지 못한다고 친구가 흉을 봐서 ( )했다.

13 [243004-0173]
가족과 함께 비행기를 타고 필리핀으로 ( ) 갈 생각에 마음이 설렜다.

14 [243004-0174]
탈것을 바퀴의 수에 따라 바퀴가 없는 것, 바퀴가 **2**개인 것, 바퀴가 **4**개인 것으로 ( )했다.

15 [243004-0175]
복도에 전시해 놓은 친구들의 그림을 ( )한 뒤에 잘한 점과 재미있는 점 등에 대해 이야기를 나누었다.

찾아보기

『어휘가 문해력이다』 초등 2학년 1학기에 수록된 어휘를
과목별로 나누어 ㄱ, ㄴ, ㄷ … 순서로 정리했습니다.

과목별로 뜻이 궁금한 어휘를 바로바로 찾아보세요!

차례

수학 교과서 어휘

한자 어휘

사진 자료 출처

- 게티이미지뱅크

어휘 학습 점검

초등 2학년 1학기

1주차에서 학습한 어휘를 잘 알고 있는지 ✔ 해 보고,
잘 모르는 어휘는 해당 쪽으로 가서 다시 한번 확인해 보세요.

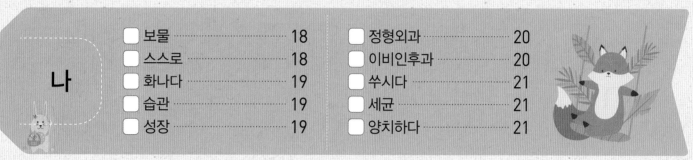

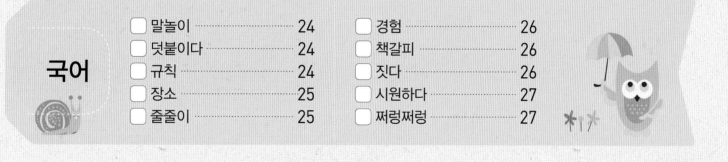

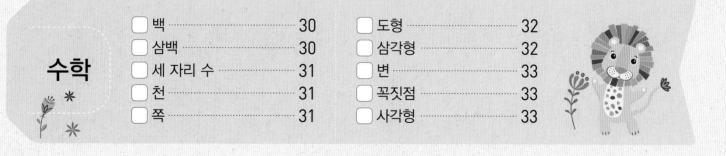

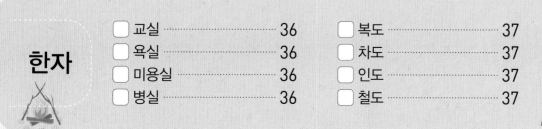

어휘 학습 점검

2주차

2주차에서 학습한 어휘를 잘 알고 있는지 ✔해 보고,
잘 모르는 어휘는 해당 쪽으로 가서 다시 한번 확인해 보세요.

국어

- ☐ 꾸며 주는 말 ⋯⋯⋯ 44
- ☐ 실감 ⋯⋯⋯ 44
- ☐ 우수수 ⋯⋯⋯ 44
- ☐ 조롱조롱 ⋯⋯⋯ 45
- ☐ 힘차다 ⋯⋯⋯ 45
- ☐ 일기 ⋯⋯⋯ 46
- ☐ 동안 ⋯⋯⋯ 46
- ☐ 인상 깊은 일 ⋯⋯⋯ 46
- ☐ 글감 ⋯⋯⋯ 47
- ☐ 화창하다 ⋯⋯⋯ 47

자연

- ☐ 자연 ⋯⋯⋯ 50
- ☐ 축축하다 ⋯⋯⋯ 50
- ☐ 굴 ⋯⋯⋯ 51
- ☐ 씨앗 ⋯⋯⋯ 51
- ☐ 황사 ⋯⋯⋯ 51
- ☐ 야영 ⋯⋯⋯ 52
- ☐ 접다 ⋯⋯⋯ 52
- ☐ 무늬 ⋯⋯⋯ 53
- ☐ 흉내 ⋯⋯⋯ 53
- ☐ 반려동물 ⋯⋯⋯ 53

국어

- ☐ 겹받침 ⋯⋯⋯ 56
- ☐ 품삯 ⋯⋯⋯ 56
- ☐ 얹다 ⋯⋯⋯ 56
- ☐ 귀찮다 ⋯⋯⋯ 57
- ☐ 쌍받침 ⋯⋯⋯ 57
- ☐ 장면 ⋯⋯⋯ 58
- ☐ 분위기 ⋯⋯⋯ 58
- ☐ 시집 ⋯⋯⋯ 58
- ☐ 낭송 ⋯⋯⋯ 59
- ☐ 토박이말 ⋯⋯⋯ 59

수학

- ☐ 원 ⋯⋯⋯ 62
- ☐ 본뜨다 ⋯⋯⋯ 63
- ☐ 조각 ⋯⋯⋯ 63
- ☐ 앞 ⋯⋯⋯ 63
- ☐ 나란히 ⋯⋯⋯ 63
- ☐ 구하다 ⋯⋯⋯ 64
- ☐ 값 ⋯⋯⋯ 64
- ☐ 합 ⋯⋯⋯ 65
- ☐ 차 ⋯⋯⋯ 65
- ☐ 그중 ⋯⋯⋯ 65

한자

- ☐ 세수 ⋯⋯⋯ 68
- ☐ 수건 ⋯⋯⋯ 68
- ☐ 박수 ⋯⋯⋯ 68
- ☐ 악수 ⋯⋯⋯ 68
- ☐ 국민 ⋯⋯⋯ 69
- ☐ 국어 ⋯⋯⋯ 69
- ☐ 국기 ⋯⋯⋯ 69
- ☐ 천국 ⋯⋯⋯ 69

새 교육과정 반영

문·해·력·은 EBS

당신의 문해력

초등

어휘가
문해력
이다

초등 2학년 1학기

교과서 어휘 완성

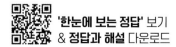

'한눈에 보는 정답' 보기
& 정답과 해설 다운로드

정답과 해설

한눈에 보는 정답

1주차 1회 확인 문제

1 (1) ㉠ (2) ㉡ (3) ㉢

2 ⑤

3 (1) 꿈 (2) 말차례 (3) 발표

4
❸성	격	투	❷궁
벽	화	분	금
시	❶모	빙	하
계	습	수	다

5 소개

6

1주차 2회 확인 문제

1

2 ②

3 (1) ㉰ 혼 ㉰ 로 코
(2) 바 손 노 ㉤ ㉨

(3) 구 보 생 물 축

4 (1) ㉢ (2) ㉠ (3) ㉣ (4) ㉡

5 (1) 양치 (2) 이비인후과
(3) 세균 (4) 쑤신다고

1주차 3회 확인 문제

1 (1) 줄 줄 이
(2) 장 소 (3) 규 칙

2 덧붙였다

3 (1) 장소 (2) 말놀이

4
❹책	가	방	❶짓
갈	❷경	험	다
피	구	매	미
❸쩌	렁	쩌	렁

5 (2) ○

6 (1) 쩌렁쩌렁 (2) 책갈피 (3) 경험

1주차 4회 확인 문제

1

2 (1) ○

3 (1) 천 (2) 세 자리 수 (3) 삼백

4 (1) 삼각형 (2) 사각형

5 ④

6 (1) ㉠ 삼 각 형
(2) ㉡ 꼭 짓 점

1주차 5회 확인 문제

1

2 미 장 원

3 (1) 욕실 (2) 병실 (3) 미용실

4 (1) 철도 (2) 차도 (3) 복도

5 (1) 철도 (2) 차도

6 ④, ⑤

1주차 어휘력 테스트

1 (1) 천 (2) 보물 (3) 발표 (4) 성장

2 (1) 도형에서 곧은 선, ㉠ (2) 도형에서 두 곧은 선이 만나는 점, ㉡

3 귀　　**4** 선　　**5** ③　　**6** (1) ○　　**7** 병원　　**8** 실　　**9** ㉡　　**10** ㉢

11 ㉠　　**12** 미용실　　**13** 화　　**14** 쪽　　**15** 궁금

2주차 1회 확인 문제

1 꾸며

2 (1) 실제 (2) 씩씩하다
　　(3) 많이 (4) 떨어지는

3 (1) 우수수 (2) 조롱조롱 (3) 실감

4 (1) 감기 (2) 동화

5 ④

6 (1) ○ (2) × (3) ○

2주차 2회 확인 문제

1

꼬	분	❶축	하
❸황	사	축	당
금	태	하	❷씨
❹자	연	다	앗

2 ③

3 (1) 굴 (2) 축축해서 (3) 자연

4 (1) × (2) ○ (3) ○

5 (1) ○

6 (1) 무늬 (2) 반려동물 (3) 흉내

2주차 3회 확인 문제

1 (1) ㉢ (2) ㉡ (3) ㉠

2 (1) 겹받침 (2) [여덜]

3 (1) 얹고 (2) 귀찮았다
　　(3) 품삯

4 (1) 분위기 (2) 장면 (3) 토박이말

5 ②

6 (1) 만 고 **시** 각 **집**

(2) 분 바 **위** **기** 장

(3) 대 **장** **면** 수 눈

2주차 4회 확인 문제

1
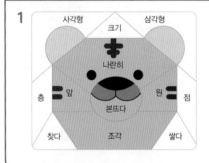

2 나 란 히

3 (1) 원 (2) 조각

4

(1) 합 ― ㉠ 둘 이상의 수를 더해 얻은 값.
(2) 차 ― ㉡ 앞에서 이야기한 여러 개 가운데.
(3) 그중 ― ㉢ 어떤 수에서 다른 수를 뺀 나머지.
(4) 구하다 ― ㉣ 문제에 대한 답이나 수, 양을 알아내다.

5 값

6 (1) × (2) ○ (3) ○

2주차 5회 확인 문제

1

❶박	❸수	선	태
물	건	극	형
관	기	구	❹악
소	투	❷세	수

2 ④, ⑤

3 (1) 수건 (2) 박수 (3) 악수

4 (1) 국기 (2) 한 나라를 나타내는 깃발.

5 (1) 국 민 (2) 천 국

6 (1) 국기 (2) 국어 (3) 국민

2주차 어휘력 테스트

1 ①　　**2** 겹치다　　**3** 동그란　　**4** 따뜻하며　　**5** ⑤　　**6** 앞, 뒤　　**7** [널따]　　**8** (1) ㉡ (2) ㉠

9 ×　　**10** ×　　**11** ○　　**12** 값　　**13** 황사　　**14** 동안　　**15** 분위기

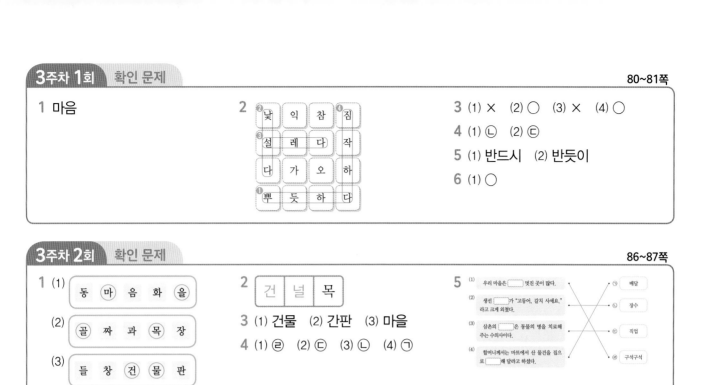

1 마음

2
낮	익	참	짐
설	레	다	작
다	가	오	하
뿌	듯	하	다

3 (1) ✕ (2) ◯ (3) ✕ (4) ◯
4 (1) ㉡ (2) ㉢
5 (1) 반드시 (2) 반듯이
6 (1) ◯

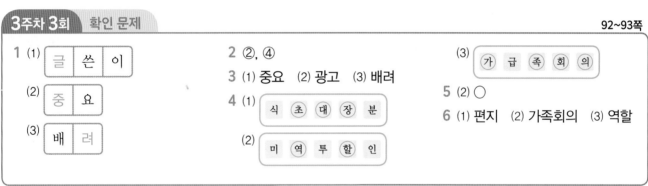

1 (1) 동 마 음 화 을
(2) 골 짜 과 목 장
(3) 들 창 건 물 판

2 건 널 목

3 (1) 건물 (2) 간판 (3) 마을
4 (1) ㉣ (2) ㉢ (3) ㉡ (4) ㉠

5
(1) 우리 마을은 ▢▢ 멋진 곳이 많다. — ㉢ 직업
(2) 생선 ▢▢가 "고등어, 갈치 사세요." 라고 크게 외쳤다. — ㉡ 장수
(3) 삼촌의 ▢▢은 동물의 병을 치료해 주는 수의사이다. — ㉠ 배달
(4) 할머니께서는 마트에서 산 물건을 집으로 ▢▢해 달라고 하셨다. — ㉣ 구석구석

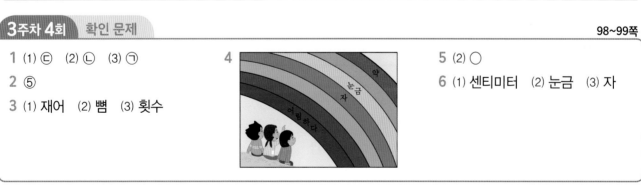

1 (1) 글 쓴 이
(2) 중 요
(3) 배 려

2 ②, ④
3 (1) 중요 (2) 광고 (3) 배려
4 (1) 식 초 대 장 분
(2) 미 역 투 할 인
(3) 가 급 족 회 의

5 (2) ◯
6 (1) 편지 (2) 가족회의 (3) 역할

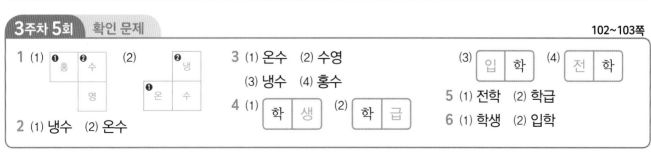

1 (1) ㉢ (2) ㉡ (3) ㉠
2 ⑤
3 (1) 재어 (2) 뼘 (3) 횟수

4 (그림: 약, 눈금, 자, 어림하다)

5 (2) ◯
6 (1) 센티미터 (2) 눈금 (3) 자

1 (1)
❶홍	❷수	
	영	

(2)
		❷냉
❶온	수	

2 (1) 냉수 (2) 온수

3 (1) 온수 (2) 수영 (3) 냉수 (4) 홍수
4 (1) 학 생 (2) 학 급

5 (1) 전학 (2) 학급
6 (1) 학생 (2) 입학

(3) 입 학 (4) 전 학

1 (1) 횟수 (2) 편지 (3) 간판 (4) 광고   **2** 기쁨   **3** 길이   **4** ④   **5** ②   **6** 열렸다
7 낯익었다   **8** (1) 마친 (2) 거름 (3) 반듯이   **9** ㉡   **10** ㉠   **11** ㉢   **12** 뼘
13 직업   **14** 전학   **15** 배려

4주차 1회 확인 문제
112~113쪽

1 (1) ㉢ (2) ㉡ (3) ㉠

2 잃어버렸어

3 (1) 주말 (2) 골 (3) 흐리면

4 (1) 감사하다 (2) 속상하다
(3) 자랑스럽다

5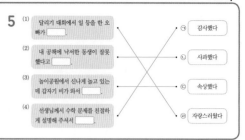

4주차 2회 확인 문제
118~119쪽

1 (1) 존|중
(2) 전|통|의|상
(3) 문|화 (4) 여|행

2 (1) ㉣ (2) ㉠ (3) ㉡ (4) ㉢

3 (1) 자랑거리 (2) 지구촌
(3) 올림픽

4 폐|회|식

5 (1) 자|랑|신|거|리
(2) 월|올|운|림|픽
(3) 맛|소|다|양|정

4주차 3회 확인 문제
124~125쪽

1 (1) 드러난 (2) 아래위 (3) 약속

2 (3) ○

3

4
등	장	하	다
산	골	구	③조
②오	누	이	명
①느	릿	느	릿

5 인|형|극

6 (1) 느릿느릿 (2) 조명 (3) 등장

4주차 4회 확인 문제
130~131쪽

1 (1) 거|탈|태|것|차
(2) 결|원|무|인|과
(3) 구|이|기|준|별

2 (2) ○

3 (1) 표시 (2) 결과

4 (1) ㉠ (2) ㉡ (3) ㉣ (4) ㉢

5 묶고

6 (1) ○ (2) ○ (3) ×

4주차 5회 확인 문제
134~135쪽

1 (1) 백호 (2) 백설 (3) 백조

2 (1) 백사장 (2) 백설 (3) 백호

3

4 (1) ○

5 (1) 속력 (2) 집중력

4주차 어휘력 테스트
136~138쪽

1 ②   **2** 옷   **3** 용서   **4** ①   **5** ⑤   **6** (1) 잃어버린 (2) 잊어버려서

7 촌   **8** (1) ㉠ (2) ㉢ (3) ㉡   **9** ×   **10** ○   **11** ×   **12** 속상   **13** 여행

14 분류   **15** 감상

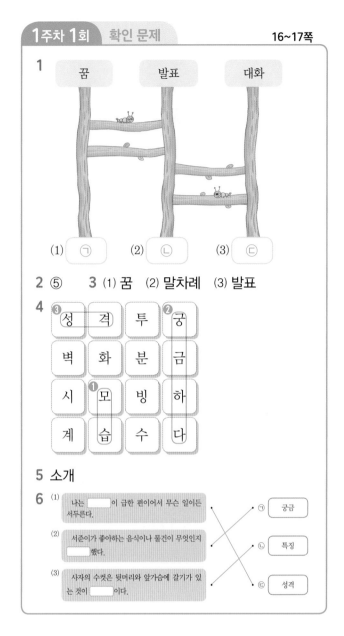

1 (1) ㉠   (2) ㉡   (3) ㉢

2 ⑤   **3** (1) 꿈   (2) 말차례   (3) 발표

4

성³	격	투	궁²
벽	화	분	금
시	모¹	빙	하
계	습	수	다

5 소개

6 (1)
- 나는 □□이 급한 편이어서 무슨 일이든 서두른다.
- ㉠ 궁금
- (2) 서준이가 좋아하는 음식이나 물건이 무엇인지 □□했다.
- ㉡ 특징
- (3) 사자의 수컷은 뒷머리와 앞가슴에 갈기가 있는 것이 □□이다.
- ㉢ 성격

3 (1) 앞으로 이루고 싶은 것을 뜻하는 '꿈'이 알맞습니다. (2) 말하는 사람과 듣는 사람이 서로 말을 주고받을 때 지키는 순서를 뜻하는 '말차례'가 알맞습니다. (3) 세상에 드러내어 널리 알림을 뜻하는 '발표'가 알맞습니다.

4 ❶의 뜻을 가진 낱말은 '모습', ❷의 뜻을 가진 낱말은 '궁금하다', ❸의 뜻을 가진 낱말은 '성격'입니다.

5 남이 잘 모르는 사실이나 내용에 대해 알려 주기 위해 쓴 글을 '소개하는 글'이라고 합니다.

6 (1) 한 사람이 원래부터 가지고 있는 성질을 뜻하는 '성격'이 알맞습니다. (2) "무엇이 무척 알고 싶다."라는 뜻을 가진 '궁금하다'의 '궁금'이 알맞습니다. (3) 다른 것에 비해 특별히 눈에 뜨이는 점을 뜻하는 '특징'이 알맞습니다.

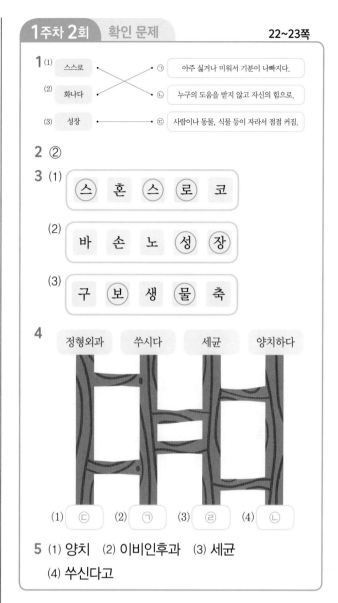

1 (1) 스스로 — ㉡ 누구의 도움을 받지 않고 자신의 힘으로.
(2) 화나다 — ㉠ 아주 싫거나 미워서 기분이 나빠지다.
(3) 성장 — ㉢ 사람이나 동물, 식물 등이 자라서 점점 커짐.

2 ②

3 (1) 스 혼 스 로 코
(2) 바 손 노 성 장
(3) 구 보 생 물 축

4 정형외과   쑤시다   세균   양치하다

(1) ㉢   (2) ㉠   (3) ㉣   (4) ㉡

5 (1) 양치   (2) 이비인후과   (3) 세균
(4) 쑤신다고

2 '습관'은 오랫동안 자꾸 하면서 저절로 몸에 익혀진 행동을 뜻하고, '버릇'은 오랫동안 자꾸 해 몸에 익숙해진 행동을 뜻합니다. '습관'과 '버릇'은 뜻이 비슷해서 서로 바꾸어 쓸 수 있습니다.

3 (1) 부모님의 도움을 받지 않고 자신의 힘으로 목욕할 수 있는 것이므로 '스스로'가 알맞습니다. (2) 키가 자라고 몸무게가 느는 것은 사람이 자라서 점점 커지는 것이므로 '성장'이 알맞습니다. (3) 다른 무엇과도 바꿀 수 없는 것은 소중한 물건이므로 '보물'이 알맞습니다.

5 (1) 이를 닦는 내용이므로 '양치하다'의 '양치'가 알맞습니다. (2) 코와 목에 생기는 병을 치료해 주는 '이비인후과'가 알맞습니다. (3) 병을 일으킨다고 했으므로 '세균'이 알맞습니다. (4) 바늘로 찌르듯이 아픈 것은 '쑤신다고'가 알맞습니다.

1 (1) 줄 줄 이 (2) 장 소

(3) 규 칙

2 덧붙였다

3 (1) 장소 (2) 말놀이

4
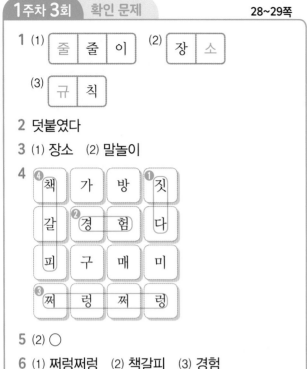

❹책	가	방	❶짓
갈	❷경	험	다
피	구	매	미
❸쩌	렁	쩌	렁

5 (2) ○

6 (1) 쩌렁쩌렁 (2) 책갈피 (3) 경험

2 준우는 친구가 한 말을 반복한 뒤에 '색연필도 있고'를 덧붙였습니다. 이처럼 앞 친구가 한 말을 반복한 뒤에 다른 말을 덧붙이면서 이어 가는 말놀이를 '말 덧붙이기 놀이'라고 합니다.

3 (1) 개울가, 놀이터는 일이 일어나거나 일을 하는 곳을 나타내므로 '장소'가 알맞습니다. (2) 말을 주고받으며 즐기는 놀이를 하는 것이므로 '말놀이'가 알맞습니다.

4 ❶의 뜻을 가진 낱말은 '짓다', ❷의 뜻을 가진 낱말은 '경험', ❸의 뜻을 가진 낱말은 '쩌렁쩌렁', ❹의 뜻을 가진 낱말은 '책갈피'입니다.

5 아이가 한 말에 쓰인 '시원하다'는 "덥거나 춥지 않고 알맞게 서늘하다."라는 뜻이므로 같은 뜻으로 쓰인 것은 (2)입니다. (1)에 쓰인 '시원하다'는 "음식이 뜨거우면서 속을 후련하게 하는 점이 있다."라는 뜻이고, (3)에 쓰인 '시원하다'는 "말이나 행동이 막힘이 없고 활발하다."라는 뜻입니다.

6 (1) 목소리가 자꾸 크고 높게 울리는 소리나 모양을 뜻하는 '쩌렁쩌렁'이 알맞습니다. (2) 읽던 곳이나 필요한 곳을 찾기 쉽도록 책장과 책장 사이에 끼워 두는 물건을 뜻하는 '책갈피'가 알맞습니다. (3) 실제로 자신이 한 일, 본 일, 들은 일을 뜻하는 '경험'이 알맞습니다.

1

2 (1) ○

3 (1) 천 (2) 세 자리 수 (3) 삼백

4 (1) 삼각형 (2) 사각형

5 ④

6 (1) ㉠ 삼 각 형

(2) ㉡ 꼭 짓 점

1 (1) 10이 10개인 수는 '백'입니다. (2) 100이 3개인 수는 '삼백'입니다. (3) 999보다 1만큼 더 큰 수는 '천'입니다.

2 (2) 사람을 셀 때에는 '명'을 사용합니다.

3 (1) 1000은 '천'이라고 읽습니다. (2) 635는 백의 자리까지 있는 세 자리 수입니다. 두 자리 수는 십의 자리까지 있는 수를 말합니다. (3) 324는 '삼백이십사'라고 읽습니다.

4 (1) 3개의 곧은 선으로 둘러싸인 도형을 '삼각형'이라고 합니다. (2) 4개의 곧은 선으로 둘러싸인 도형을 '사각형'이라고 합니다.

5 삼각형, 사각형과 같이 점과 선으로 이루어진 모양을 '도형'이라고 합니다.

6 (1) 그림 2 에서 남자아이가 그린 배는 3개의 곧은 선으로 둘러싸인 도형인 삼각형을 이용해 그린 것입니다. (2) 도형에서 두 곧은 선이 만나는 점을 '꼭짓점'이라고 합니다.

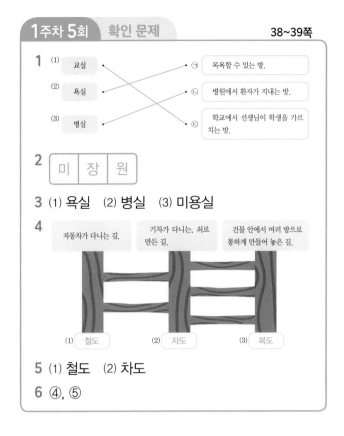

1주차 5회 확인 문제 38~39쪽

1 (1) 교실 — ㉢ 학교에서 선생님이 학생을 가르치는 방.
(2) 욕실 — ㉠ 목욕할 수 있는 방.
(3) 병실 — ㉡ 병원에서 환자가 지내는 방.

2 미 장 원

3 (1) 욕실 (2) 병실 (3) 미용실

4 (1) 철도 (2) 차도 (3) 복도
자동차가 다니는 길.
기차가 다니는, 쇠로 만든 길.
건물 안에서 여러 방으로 통하게 만들어 놓은 길.

5 (1) 철도 (2) 차도

6 ④, ⑤

1 (1) '교실'은 학교에서 선생님이 학생을 가르치는 방을 뜻합니다. (2) '욕실'은 목욕할 수 있는 방을 뜻합니다. (3) '병실'은 병원에서 환자가 지내는 방을 뜻합니다.

2 '미용실'과 '미장원'은 모두 머리를 자르거나 파마 등을 해 주는 곳을 뜻합니다.

3 (1) 욕조에 물을 받아 목욕을 했다고 했으므로 '욕실'이 알맞습니다. (2) 몸이 아픈 사람들이 누워 있었다고 했으므로 '병실'이 알맞습니다. (3) 흰머리를 까맣게 물들이기 위해 가셨다고 했으므로 '미용실'이 알맞습니다.

4 자동차가 다니는 길을 뜻하는 낱말은 '차도'이고, 기차가 다니는, 쇠로 만든 길을 뜻하는 낱말은 '철도'이며, 건물 안에서 여러 방으로 통하게 만들어 놓은 길을 뜻하는 낱말은 '복도'입니다.

5 (1) 기차가 다니는 길은 '철도'입니다. (2) 횡단보도는 자동차가 다니는 길인 차도를 안전하게 건너기 위해 만들어 놓은 것입니다.

6 영훈이의 말 중에서 '사람이 다니는'으로 보아, 빈칸에는 사람이 다니는 길을 뜻하는 '인도'와 사람이 걸어 다닐 수 있게 만든 길을 뜻하는 '보도'가 들어가는 것이 알맞습니다.

1주차 어휘력 테스트 40~42쪽

1 (1) 천 (2) 보물 (3) 발표 (4) 성장
2 (1) 도형에서 곧은 선, ㉠ (2) 도형에서 두 곧은 선이 만나는 점, ㉡   3 귀   4 선
5 ③   6 (1) ○   7 병원   8 실
9 ㉡   10 ㉢   11 ㉠
12 미용실   13 화   14 쪽
15 궁금

2 (1) '변'은 도형에서 곧은 선을 뜻하고, 보기 의 삼각형에서 ㉠ 부분을 말합니다. (2) '꼭짓점'은 도형에서 두 곧은 선이 만나는 점을 뜻하고, 보기 의 삼각형에서 ㉡ 부분을 말합니다.

3 '이비인후과'는 귀, 코, 목구멍 등에 생기는 병을 낫게 하는 병원입니다. 눈에 생기는 병을 낫게 하는 병원은 '안과'입니다.

5 ③ '복도'는 건물 안에서 여러 방으로 통하게 만들어 놓은 길을 뜻하고, '차도'는 자동차가 다니는 길을 뜻하므로 '복도'와 '차도'는 뜻이 비슷한 말이 아닙니다.

6 의자에 부딪힌 무릎이 바늘로 찌르는 것처럼 아픈 것이므로 (1)의 뜻이 알맞습니다.

7 정형외과, 이비인후과, 치과, 안과는 모두 병원의 종류이므로 정형외과, 이비인후과, 치과, 안과를 모두 포함하는 말은 '병원'입니다.

8 빈칸에는 방을 뜻하는 '실'이 공통으로 들어갑니다.

9 수첩은 4개의 곧은 선으로 둘러싸인 모양이므로 '사각형'이 알맞습니다.

10 소시지가 줄지어 계속 이어져 있으므로 '줄줄이'가 알맞습니다.

11 마주 대하여 이야기를 주고받음을 뜻하는 '대화'가 알맞습니다.

13 "아주 싫거나 미워서 기분이 나빠지다."라는 뜻을 가진 '화나다'의 '화'가 알맞습니다.

14 책, 신문, 문서 등의 면을 세는 말을 뜻하는 '쪽'이 알맞습니다.

15 "무엇이 무척 알고 싶다."라는 뜻을 가진 '궁금하다'의 '궁금'이 알맞습니다.

1
주차

1 꾸며

2 (1) 실제   (2) 씩씩하다   (3) 많이   (4) 떨어지는

3 (1) 우수수   (2) 조롱조롱   (3) 실감

4 (1) | 감 | 기 | (2) | 동 | 화 |

5 ④

6 (1) ○   (2) ×   (3) ○

---

1 뒤에 오는 말을 꾸며 주어 그 뜻을 자세하게 해 주는 말을 '꾸며 주는 말'이라고 합니다.

2 (1) '실감'은 실제인 것처럼 느끼는 것을 뜻합니다. (2) '힘차다'는 "힘이 있고 씩씩하다."라는 뜻입니다. (3) '조롱조롱'은 작은 열매 등이 많이 매달려 있는 모양을 뜻합니다. (4) '우수수'는 바람에 나뭇잎 등이 많이 떨어지는 소리나 모양을 뜻합니다.

3 (1) 바람에 단풍잎이 떨어지는 것이므로 '우수수'가 알맞습니다. (2) 조그마한 꽃이 줄기마다 매달려 있는 것이므로 '조롱조롱'이 알맞습니다. (3) "사과를 먹었다."라는 문장보다 "사과를 아삭아삭 먹었다."라는 문장이 실제인 것처럼 느껴진다는 것이므로 '실감'이 알맞습니다.

4 (1) 😮에 알맞은 글자는 '감'이고, 😌에 알맞은 글자는 '기'입니다. (2) 😤에 알맞은 글자는 '동'이고, 😊에 알맞은 글자는 '화'입니다.

5 '글감'은 글의 내용이 되는 이야깃거리를 뜻하며 '소재'와 뜻이 비슷해 서로 바꾸어 쓸 수 있습니다. ① '그림'은 선이나 색채로 사물의 모양이나 이미지를 평면 위에 나타낸 것을, ② '물감'은 그림을 그리거나, 천이나 옷에 물을 들일 때 쓰는 재료를, ③ '소개'는 남이 잘 모르는 사실이나 내용을 잘 알도록 해 주는 설명을, ⑤ '옷감'은 옷을 만드는 데 쓰는 천을 뜻합니다.

6 (2) '화창하다'는 "날씨가 맑고 따뜻하며 바람이 부드럽다."라는 뜻이므로 비가 쏟아질 것 같은 날씨를 표현하는 말로 알맞지 않습니다. '화창하다' 대신에 '흐리다'를 사용해 "곧 비가 쏟아질 것처럼 날씨가 흐려 우산을 챙겼다."와 같이 표현하는 것이 알맞습니다.

1

2 ③

3 (1) 굴   (2) 축축해서   (3) 자연

4 (1) ×   (2) ○   (3) ○

5 (1) ○

6 (1) 무늬   (2) 반려동물   (3) 흉내

---

1 ❶의 뜻을 가진 낱말은 '축축하다', ❷의 뜻을 가진 낱말은 '씨앗', ❸의 뜻을 가진 낱말은 '황사', ❹의 뜻을 가진 낱말은 '자연'입니다.

2 '씨앗'은 곡식이나 채소, 꽃 등의 씨를 뜻하며 '씨'와 뜻이 비슷해 서로 바꾸어 쓸 수 있습니다.

3 (1) 짐승들이 만들어 놓은 구멍을 뜻하는 '굴'이 알맞습니다. '굽'은 말, 소, 양 등의 짐승의 발 끝에 있는 두껍고 단단한 발톱을 뜻합니다. (2) 머리카락이 비를 맞았다고 했으므로 '축축해서'가 알맞습니다. (3) 산과 바다는 자연의 일부이므로 '자연'이 알맞습니다. '자석'은 쇠붙이를 끌어당기는 힘을 가진 물체를 뜻합니다.

4 (1) '야영'은 바깥에 천막을 치고 자거나 머무름을 뜻합니다. 쉬거나 건강을 위해서 천천히 걷는 일을 뜻하는 낱말은 '산책'입니다.

5 '종이를 접어서'에서 '접어서'의 뜻은 (1)이 알맞습니다. (2)의 뜻을 가진 '접다'는 "우산을 접다.", "날개를 접다."와 같이 쓰입니다.

6 (1) '검고 꽃 모양 같은'은 표범의 몸에 나타난 모양을 표현한 것이므로 '무늬'가 알맞습니다. (2) 집에서 키우고, 생활을 즐겁게 한다고 했으므로 '반려동물'이 알맞습니다. (3) 손바닥과 발바닥을 바닥에 붙이고 앉았다가 일어나면서 높이 뛰는 것은 개구리가 뛰는 모습을 그대로 옮겨서 하는 행동이므로 '흉내'가 알맞습니다.

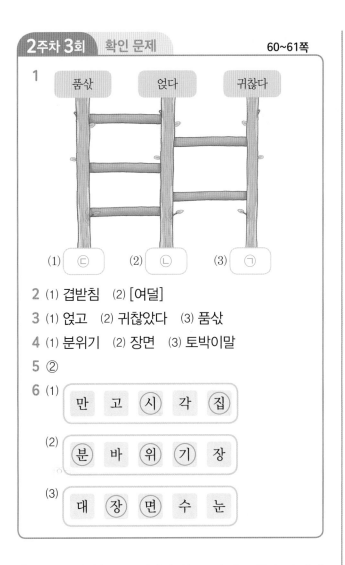

1
(1) ㉢   (2) ㉡   (3) ㉠

2 (1) 겹받침   (2) [여덟]

3 (1) 얹고   (2) 귀찮았다   (3) 품삯

4 (1) 분위기   (2) 장면   (3) 토박이말

5 ②

6 (1)

| 만 | 고 | 시 | 각 | 집 |

(2)

| 분 | 바 | 위 | 기 | 장 |

(3)

| 대 | 장 | 면 | 수 | 눈 |

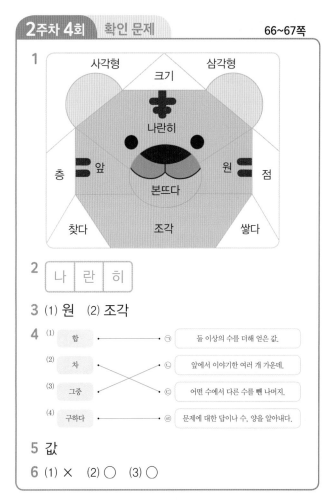

2

| 나 | 란 | 히 |

3 (1) 원   (2) 조각

4 (1) 합 ———————— ㉠ 둘 이상의 수를 더해 얻은 값.
(2) 차 ———————— ㉡ 앞에서 이야기한 여러 개 가운데.
(3) 그중 ———————— ㉢ 어떤 수에서 다른 수를 뺀 나머지.
(4) 구하다 ———————— ㉣ 문제에 대한 답이나 수, 양을 알아내다.

5 값

6 (1) ✕   (2) ○   (3) ○

1 ㉠은 '얹다', ㉡은 '귀찮다', ㉢은 '품삯'의 뜻입니다.

2 '덟'에 쓰인 'ᆲ'은 서로 다른 두 개의 자음으로 이루어져 있으므로 '겹받침'입니다. 겹받침 'ᆲ'은 말의 끝이나 자음 앞에서 [ㄹ]로 발음하므로 '여덟'은 [여덜]로 발음해야 합니다.

3 (1) 이마에 손을 올려놓은 것이므로 '얹고'가 알맞습니다. (2) 너무 힘들어서 얼굴을 씻는 것도 싫은 것이므로 '귀찮았다'가 알맞습니다. (3) 일한 값으로 사람들에게 오만 원씩 준 것이므로 '품삯'이 알맞습니다.

5 '낭송'은 크게 소리를 내어 글을 읽는 것을 뜻하며 '낭독'과 뜻이 비슷해 서로 바꾸어 쓸 수 있습니다.

6 (1) 시를 읽고 싶어서 책을 빌린 것이므로 '시집'이 알맞습니다. (2) 시가 신나고 즐거운 느낌이 든 것이므로 '분위기'가 알맞습니다. (3) 시를 읽고 아이가 휘파람을 불며 학교에 가는 모습이 떠오른 것이므로 '장면'이 알맞습니다.

2 쌓기나무가 옆으로 가지런하게 놓여 있으므로 '나란히'가 알맞습니다.

3 (1) 단추는 어느 쪽에서 보아도 동그란 모양이므로 '원'이 알맞습니다. (2) '조건'은 어떤 일을 이루기 위해 갖추어야 하는 것을 뜻합니다.

4 (1) '합'은 둘 이상의 수를 더해 얻은 값을 뜻합니다. (2) '차'는 어떤 수에서 다른 수를 뺀 나머지를 뜻합니다. (3) '그중'은 앞에서 이야기한 여러 개 가운데를 뜻합니다. (4) '구하다'는 "문제에 대한 답이나 수, 양을 알아내다."라는 뜻입니다.

5 '갑'은 물건을 담는 작은 상자를 뜻하고, '값'은 셈을 해서 나온 수를 뜻합니다. 따라서 □가 사용된 뺄셈식에서 □의 수를 뜻할 때에는 '값'이 알맞습니다.

6 (1) 21은 15와 6을 더해 얻은 값이므로 '차'가 아닌 '합'을 써야 합니다. (2) 앞에서 말한 13개를 가리키는 의미로 '그중'이 알맞게 쓰였습니다. (3) "마을에 남은 펭귄의 수를 알아내다."라는 의미로 '구하다'가 알맞게 쓰였습니다.

2주차 5회 확인 문제 70~71쪽

1
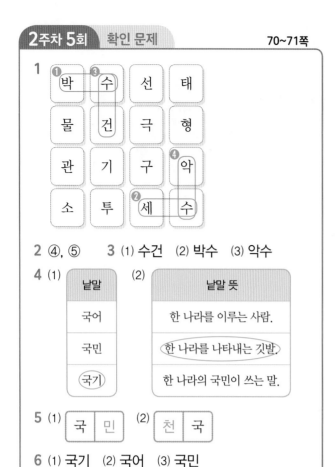

박	수	선	태
물	건	극	형
관	기	구	악
소	투	세	수

2 ④, ⑤ 3 (1) 수건 (2) 박수 (3) 악수

4 (1)

| 낱말 |
| 국어 |
| 국민 |
| 국기 |

(2)

| 낱말 뜻 |
| 한 나라를 이루는 사람. |
| 한 나라를 나타내는 깃발. |
| 한 나라의 국민이 쓰는 말. |

5 (1)

| 국 | 민 |

(2)

| 천 | 국 |

6 (1) 국기 (2) 국어 (3) 국민

1 ❶의 뜻을 가진 낱말은 '박수', ❷의 뜻을 가진 낱말은 '세수', ❸의 뜻을 가진 낱말은 '수건', ❹의 뜻을 가진 낱말은 '악수'입니다.

2 ④ '세차'는 자동차를 물로 씻어 내는 것을, ⑤ '세탁'은 더러운 옷을 빠는 것을 뜻합니다.

3 (1) 얼굴이나 몸을 닦는 데 쓰는 천을 뜻하는 '수건'이 알맞습니다. (2) 두 손뼉을 마주치는 것을 뜻하는 '박수'가 알맞습니다. (3) 두 사람이 한 손씩 내밀어 마주 잡는 일을 뜻하는 '악수'가 알맞습니다.

4 여러 나라의 국기가 천장에 걸려 있는 모습을 찍은 사진이므로, 관련 있는 낱말은 '국기'입니다. '국기'는 한 나라를 나타내는 깃발을 뜻합니다.

5 (1) 한 나라를 이루는 사람을 뜻하는 낱말은 '국민'입니다. (2) 평화롭고 모두가 행복해한다는, 하늘에 있는 나라를 뜻하는 낱말은 '천국'입니다.

6 (1) 태극기는 우리나라를 나타내는 깃발이므로 '국기'가 알맞습니다. (2) 한국, 일본, 프랑스 국민이 쓰는 말을 할 줄 아는 것이므로 '국어'가 알맞습니다. (3) 우리나라 사람들이 응원했다는 내용이므로 '국민'이 알맞습니다.

2주차 어휘력 테스트 72~74쪽

1 ① 2 겹치다 3 동그란
4 따뜻하며 5 ⑤ 6 앞, 뒤
7 [널따] 8 (1) ㉡ (2) ㉠ 9 ×
10 × 11 ○ 12 값
13 황사 14 동안 15 분위기

1 ① '낭송'은 크게 소리를 내어 글을 읽음을 뜻합니다. 실제인 것처럼 느끼는 것을 뜻하는 낱말은 '실감'입니다.

5 '힘차다'는 "힘이 있고 씩씩하다."라는 뜻이고, '기운차다'는 "힘이 가득하고 넘치는 듯하다."라는 뜻이므로 '힘차다'와 '기운차다'는 뜻이 비슷해서 서로 바꾸어 쓸 수 있습니다.

6 향하고 있는 쪽이나 곳을 뜻하는 '앞'과, 향하고 있는 방향과 반대되는 쪽이나 곳을 뜻하는 '뒤'가 뜻이 서로 반대되는 말입니다.

7 겹받침 'ㄼ'은 말의 끝이나 자음 앞에서 [ㄹ]로 발음합니다. 따라서 '넓다'는 [널따]로 발음합니다.

8 (1)의 '굴'은 조개의 한 종류를 뜻하고, (2)의 '굴'은 짐승들이 만들어 놓은 구멍을 뜻합니다.

9 32에서 10을 빼야 22가 나오므로 둘 이상의 수를 더해 얻은 값을 뜻하는 '합'은 알맞지 않습니다. '합' 대신에 어떤 수에서 다른 수를 뺀 나머지를 뜻하는 '차'를 써야 알맞습니다.

10 쌍받침은 'ㄲ', 'ㅆ', 'ㅉ'처럼 같은 자음이 겹쳐서 된 받침을 뜻하므로 알맞지 않습니다. '쌍받침' 대신에 서로 다른 두 개의 자음으로 이루어진 받침을 뜻하는 '겹받침'을 써야 알맞습니다.

11 뒤에 오는 말을 꾸며 주어 그 뜻을 자세하게 해 주는 말을 '꾸며 주는 말'이라고 하므로 알맞게 쓰였습니다.

12 셈을 해서 나온 수를 뜻하는 '값'이 알맞습니다.

13 중국 땅의 모래가 강한 바람으로 인해 날아올랐다가 내려오는 현상을 뜻하는 '황사'가 알맞습니다.

14 어느 한때에서 다른 한때까지 시간의 길이를 뜻하는 '동안'이 알맞습니다.

15 그 자리나 장면에서 느껴지는 기분을 뜻하는 '분위기'가 알맞습니다.

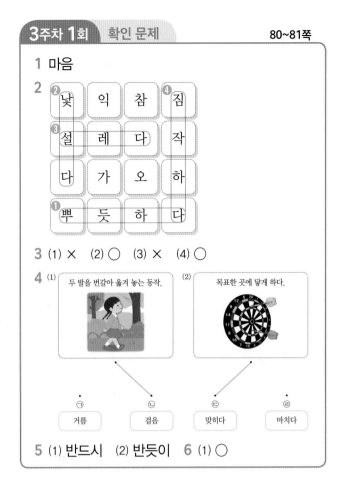

1 마음

2

❷낯	익	참	❹짐
❸설	레	다	작
다	가	오	하
❶뿌	듯	하	다

3 (1) ✕ (2) ◯ (3) ✕ (4) ◯

4 (1) 두 발을 번갈아 옮겨 놓는 동작. (2) 목표한 곳에 닿게 하다.

ㄱ 거름 ㄴ 걸음 ㄷ 맞히다 ㄹ 마치다

5 (1) 반드시 (2) 반듯이   **6** (1) ◯

2 ❶의 뜻을 가진 낱말은 '뿌듯하다', ❷의 뜻을 가진 낱말은 '낯설다', ❸의 뜻을 가진 낱말은 '설레다', ❹의 뜻을 가진 낱말은 '짐작하다'입니다.

3 (1) 원하는 생일 선물이 아닌 상황에서 마음이 설레었다는 것은 알맞지 않습니다. (2) 선생님과 친구들을 본 적이 없어 익숙하지 않은 상황이므로 '낯설었다'가 알맞게 쓰였습니다. (3) 거짓말한 것이 들통나 창피한 상황에서 뿌듯한 마음이 들었다는 것은 알맞지 않습니다. (4) 내가 남의 도움을 받았던 경험에 비추어 이야기 속 아이의 마음을 대강 생각한 것이므로 '짐작할'이 알맞게 쓰였습니다.

4 (1) '거름'은 식물이 잘 자라라고 흙에 넣어 주는 것을 뜻합니다. (2) '마치다'는 "어떤 일을 끝내다."라는 뜻입니다.

5 (1) 약속을 꼭 지키겠다는 내용이므로 '반드시'가 알맞습니다. (2) 의자에 바른 자세로 앉아야 한다는 내용이므로 '반듯이'가 알맞습니다.

6 문이 바람에 의해 닫아진 것이므로 ㉠은 '닫히면서'가 알맞습니다. 발이 문에 끼어 발가락에 상처가 난 것이므로 ㉡은 '다쳤다'가 알맞습니다.

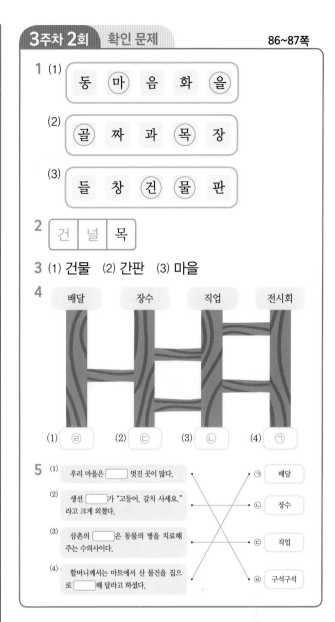

1 (1) 동 (마) (음) 화 (을)

(2) (골) 짜 과 (목) 장

(3) 들 창 (건) (물) 판

2 건 널 목

3 (1) 건물 (2) 간판 (3) 마을

4

배달	장수	직업	전시회

(1) ㉣ (2) ㉢ (3) ㉡ (4) ㉠

5 (1) 우리 마을은 ☐ 멋진 곳이 많다. — ㉠ 배달

(2) 생선 ☐ 가 "고등어, 갈치 사세요."라고 크게 외쳤다. — ㉡ 장수

(3) 삼촌의 ☐ 은 동물의 병을 치료해 주는 수의사이다. — ㉢ 직업

(4) 할머니께서는 마트에서 산 물건을 집으로 ☐ 해 달라고 하셨다. — ㉣ 구석구석

2 '횡단보도'는 사람이 건너다닐 수 있도록 차도 위에 표시를 해 놓은 길을 뜻하며 '건널목'과 뜻이 비슷해 서로 바꾸어 쓸 수 있습니다.

3 (1) 새로 지었고, 꽃집과 은행이 있다고 했으므로 '건물'이 알맞습니다. (2) 가게 밖에 걸려 있었다고 했으므로 '간판'이 알맞습니다. (3) 공원은 마을에 있는 시설 중 하나이므로 '마을'이 알맞습니다.

4 ㉠은 '장수', ㉡은 '배달', ㉢은 '직업', ㉣은 '전시회'의 뜻입니다.

5 (1) 이 구석 저 구석을 뜻하는 '구석구석'이 알맞습니다. (2) 생선을 팔고 있으므로 '장수'가 알맞습니다. (3) 수의사는 직업의 한 종류이므로 '직업'이 알맞습니다. (4) 마트에서 산 물건을 집으로 가져다 달라고 한 것이므로 '배달'이 알맞습니다.

3 주차

1 (1) 글 쓴 이 (2) 중 요

(3) 배 려

2 ②, ④

3 (1) 중요 (2) 광고 (3) 배려

4 (1) 식 초 대 장 분

(2) 미 역 투 할 인

(3) 가 급 족 회 의

5 (2) ○

6 (1) 편지 (2) 가족회의 (3) 역할

2 '안내판'은 알리는 내용을 적어 놓은 판을 뜻하며 '게시판', '알림판'과 뜻이 비슷해 서로 바꾸어 쓸 수 있습니다. ① '식판'은 밥, 국, 반찬 등을 담을 수 있게 만든 그릇을, ③ '바둑판'은 바둑을 두는 판을, ⑤ '얼음판'은 물이 얼어서 마당처럼 된 곳을 뜻합니다.

3 (1) 글에서 글쓴이가 알려 주고 싶은 것은 귀중하고 꼭 필요한 내용이므로 '중요'가 알맞습니다. '고요'는 조용한 상태를 뜻합니다. (2) 텔레비전에서 만화 영화가 끝나고 운동화를 알리는 영상이 나온 것이므로 '광고'가 알맞습니다. (3) 가위 손잡이 쪽으로 가위를 건네주는 것은 친구가 다치지 않도록 보살펴 주는 행동이므로 '배려'가 알맞습니다. '배출'은 안에서 밖으로 밀어 내보냄을 뜻합니다.

5 (1)의 '가지'는 나무나 풀의 큰 줄기에서 갈라져 뻗어 나간 작은 줄기를 뜻하고, (3)의 '가지'는 반찬으로 먹는 자주색의 열매를 뜻합니다.

6 (1) 다툰 친구에게 하고 싶은 말을 적어 보낸 것이므로 '편지'가 알맞습니다. (2) 집에서 고양이를 키우는 문제에 대해 부모님과 이야기하는 것이므로 '가족회의'가 알맞습니다. (3) 이야기에 나오는 인물 중 하나를 맡아 그 인물처럼 말한 것이므로 '역할'이 알맞습니다.

1

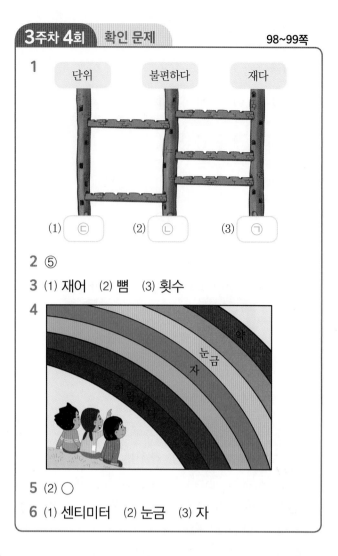

단위   불편하다   재다

(1) ㉢ (2) ㉡ (3) ㉠

2 ⑤

3 (1) 재어 (2) 뼘 (3) 횟수

4

약
눈금
자
어림하다

5 (2) ○

6 (1) 센티미터 (2) 눈금 (3) 자

1 ㉠은 '불편하다', ㉡은 '재다', ㉢은 '단위'의 뜻입니다.

2 "편리하지 않다."라는 뜻의 '불편하다'와 뜻이 반대되는 말은 "이용하기 쉽고 편하다."라는 뜻의 '편리하다'입니다.

3 (1) 연필로 수학책의 긴 쪽의 길이를 알아본 것이므로 '재어'가 알맞습니다. (2) 책상의 길이를 비교한 내용이므로 길이를 나타내는 말인 '뼘'이 알맞습니다. (3) 반복해서 세는 수가 많다는 내용이므로 '횟수'가 알맞습니다.

4 (1)의 뜻을 가진 낱말은 '어림하다', (2)의 뜻을 가진 낱말은 '눈금', (3)의 뜻을 가진 낱말은 '자', (4)의 뜻을 가진 낱말은 '약'입니다.

5 '약'은 그 수와 양에 가까운 정도임을 나타내는 말입니다. 따라서 (1)처럼 가족의 수가 **3**명으로 확실한 경우에 쓰는 것은 알맞지 않습니다.

6 (1) 1cm는 1센티미터라고 읽습니다. (2) 자에는 길이를 나타내는 '눈금'이 그려져 있습니다. (3) 붓의 길이를 정확히 잴 수 있는 것은 '자'입니다.

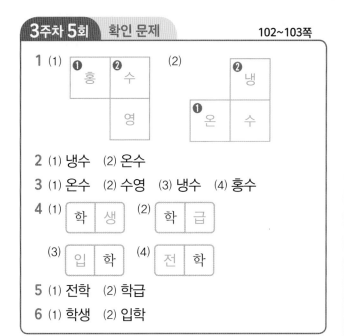

1 (1)

	❶홍	❷수
		영

(2)

		❷냉
❶온	수	

2 (1) 냉수　(2) 온수

3 (1) 온수　(2) 수영　(3) 냉수　(4) 홍수

4 (1)

학	생

(2)

학	급

(3)

입	학

(4)

전	학

5 (1) 전학　(2) 학급

6 (1) 학생　(2) 입학

---

1 (1) 가로 ❶은 '홍수', 세로 ❷는 '수영'의 뜻입니다. (2) 가로 ❶은 '온수', 세로 ❷는 '냉수'의 뜻입니다.

2 (1) 냉장고에 있었다고 했으므로 차가운 물인 '냉수'가 알맞습니다. (2) 물을 데워서 마시라고 했으므로 따뜻하게 데워진 물인 '온수'가 알맞습니다.

3 (1) 따뜻한 물이 안 나와서 찬물로 샤워를 한 것이므로 '온수'가 알맞습니다. (2) 구명조끼를 입고 바다에서 할 수 있는 놀이는 '수영'이 알맞습니다. (3) 추워서 이가 덜덜 떨렸다고 했으므로 '냉수'가 알맞습니다. (4) 다리가 물에 잠겼다고 했으므로 '홍수'가 알맞습니다.

4 (1)은 '학생', (2)는 '학급', (3)은 '입학', (4)는 '전학'의 뜻입니다.

5 (1) ○○ 초등학교에서 새로운 학교로 옮겨 온 상황이므로 '전학'이 알맞습니다. (2) ○○ 초등학교는 한 교실에서 공부하는 학생의 무리가 한 학년에 하나밖에 없다는 내용이므로 '학급'이 알맞습니다.

6 (1) 수업을 마치고 교문으로 쏟아져 나왔다고 했으므로 '학생'이 알맞습니다. (2) 유치원에 다니는 동생이 내년에 초등학교에 들어가는 것이므로 '입학'이 알맞습니다.

---

1 (1) 횟수　(2) 편지　(3) 간판　(4) 광고

2 기쁨　　**3** 길이　　**4** ④　　**5** ②

6 열렸다　　**7** 낯익었다

8 (1) 마친　(2) 거름　(3) 반듯이

9 ⓒ　　**10** ⑦　　**11** ⓒ　　**12** 뼘

13 직업　　**14** 전학　　**15** 배려

---

4 '골목'은 큰길에서 들어가 동네 안을 이리저리 통하는 좁은 길을 뜻합니다. ①의 뜻을 가진 낱말은 '돌길', ②의 뜻을 가진 낱말은 '기찻길', ③의 뜻을 가진 낱말은 '비탈길', ⑤의 뜻을 가진 낱말은 '횡단보도'입니다.

5 ② '입학'과 '졸업'은 뜻이 반대되는 말입니다.

6 "문이나 서랍 등이 다른 것에 의해 닫아지다."라는 뜻의 '닫히다'와 뜻이 반대되는 말은 '열리다'입니다. '열리다'는 "닫히거나 잠긴 것이 트이거나 벗겨지다."라는 뜻입니다.

7 "전에 본 기억이 없어 익숙하지 않다."라는 뜻의 '낯설다'와 뜻이 반대되는 말은 '낯익다'입니다. '낯익다'는 "전에 여러 번 보아서 친하거나 익숙하다."라는 뜻입니다.

8 (1) '마치다'는 어떤 일을 끝내는 것을 뜻하고, '맞히다'는 목표한 곳에 닿게 하는 것을 뜻하므로 '마친'이 알맞습니다. (2) '거름'은 식물이 잘 자라라고 흙에 넣어 주는 것을 뜻하고, '걸음'은 두 발을 번갈아 옮겨 놓는 동작을 뜻하므로 '거름'이 알맞습니다. (3) '반드시'는 "틀림없이 꼭."이라는 뜻이고, '반듯이'는 "비뚤어지지 않고 바르게."라는 뜻이므로 '반듯이'가 알맞습니다.

9 지우개의 길이를 대강 짐작한 것이므로 '어림하다'의 '어림'이 알맞습니다.

10 사물을 특징에 따라 종류별로 세는 말을 뜻하는 '가지'가 알맞습니다.

12 길이를 나타낼 때 쓰는 말로, 엄지손가락과 다른 손가락을 완전히 펴서 벌린 길이를 뜻하는 '뼘'이 알맞습니다.

15 관심을 가지고 보살펴 주거나 도와줌을 뜻하는 '배려'가 알맞습니다.

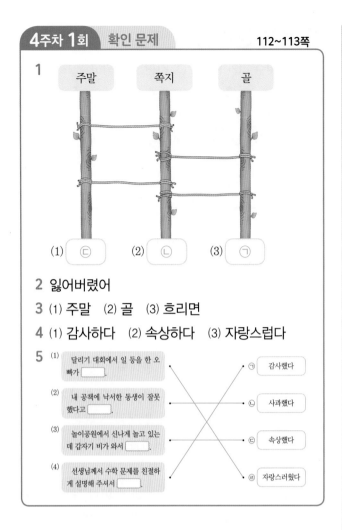

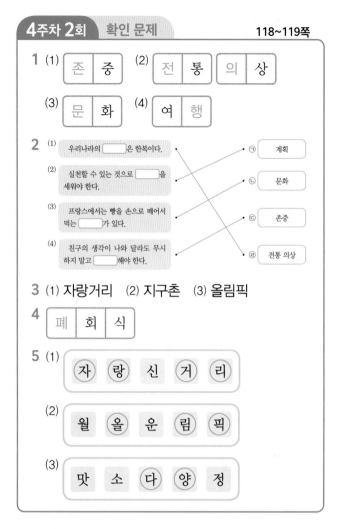

1　㉠은 '쪽지', ㉡은 '주말', ㉢은 '골'의 뜻입니다.

2　'잃어버리다'는 "가졌던 물건을 흘리거나 놓쳐서 더 이상 갖지 않게 되다."라는 뜻이고, '잊어버리다'는 "한번 알았던 것을 기억하지 못하다."라는 뜻입니다. 여자아이는 우산을 학교에서 흘리거나 놓쳐서 더 이상 갖지 않게 되었으므로 '잃어버렸어'가 알맞습니다.

3　(1) 학교와 회사에 가지 않는다고 했으므로 '주말'이 알맞습니다. (2) 우리 학교 축구팀이 공을 골문에 넣어 3점을 얻은 것이므로 '골'이 알맞습니다. (3) 말끝을 분명하게 하지 않아 발표 내용을 잘 전달할 수 없는 것이므로 '흐리면'이 알맞습니다.

5　(1) 달리기 대회에서 일 등을 한 오빠는 남에게 드러내어 뽐낼 만한 데가 있으므로 '자랑스러웠다'가 알맞습니다. (2) 공책에 낙서한 동생이 자신의 잘못을 인정하며 용서해 달라고 빈 것이므로 '사과했다'가 알맞습니다. (3) 신나게 놀고 있는데 갑자기 비가 온다면 마음이 편하지 않고 괴로울 것이므로 '속상했다'가 알맞습니다. (4) 선생님께서 수학 문제를 친절하게 설명해 주셔서 고마운 마음이 있는 것이므로 '감사했다'가 알맞습니다.

2　(1) 한복은 우리나라에서 오래전부터 전해 내려오는 방식대로 만든 옷이므로 '전통 의상'이 알맞습니다. (2) 실천할 수 있는 것으로 세워야 한다고 했으므로 '계획'이 알맞습니다. (3) 프랑스에서 식사하는 방식에 대한 내용이므로 '문화'가 알맞습니다. (4) 친구의 생각을 귀중하게 여겨야 한다는 내용이므로 '존중'이 알맞습니다.

4　'개회식'은 회의나 모임 등을 시작할 때 하는 의식을 뜻합니다. '개회식'과 뜻이 반대되는 말은 회의나 모임 등을 마칠 때 하는 의식을 뜻하는 '폐회식'입니다.

5　(1) 피라미드는 이집트가 뽐낼 만한 것 중의 하나이므로 '자랑거리'가 알맞습니다. (2) 좋은 성적을 거둔 선수들에게 금메달, 은메달, 동메달을 준다고 했으므로 '올림픽'이 알맞습니다. (3) 세계 음식의 종류가 여러 가지로 많은 것이므로 '다양하다'의 '다양'이 알맞습니다.

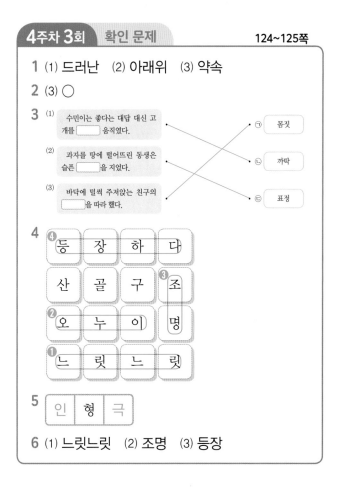

1 (1) 드러난　(2) 아래위　(3) 약속

2 (3) ○

3 (1) 수민이는 좋다는 대답 대신 고개를 □□ 움직였다. — ⓒ 표정
(2) 과자를 땅에 떨어뜨린 동생은 슬픈 □□을 지었다. — ⓐ 몸짓
(3) 바닥에 털썩 주저앉는 친구의 □□을 따라 했다. — ⓑ 까딱

4
❹등	장	하	다
산	골	구	❸조
❷오	누	이	명
❶느	릿	느	릿

5
| 인 | 형 | 극 |

6 (1) 느릿느릿　(2) 조명　(3) 등장

2 '음악을 감상할'에 쓰인 '감상'은 예술 작품이나 경치를 즐기고 이해하면서 평가함을 뜻합니다. (1)의 뜻을 가진 낱말은 '창작'이고, (2)의 뜻을 가진 낱말은 '경연'입니다.

3 (1) 좋다는 뜻으로 고개를 아래위로 움직인 것이므로 '까딱'이 알맞습니다. (2) 과자를 땅에 떨어뜨려 슬픈 마음이 얼굴에 드러난 것이므로 '표정'이 알맞습니다. (3) 바닥에 털썩 주저앉는 것은 몸을 움직이는 모양이므로 '몸짓'이 알맞습니다.

4 ❶의 뜻을 가진 낱말은 '느릿느릿', ❷의 뜻을 가진 낱말은 '오누이', ❸의 뜻을 가진 낱말은 '조명', ❹의 뜻을 가진 낱말은 '등장하다'입니다.

5 인형을 가지고 하는 연극을 '인형극'이라고 합니다.

6 (1) 답답한 마음이 들 정도로 느리게 말한 것이므로 '느릿느릿'이 알맞습니다. (2) 무대 위에 나온 사자를 밝게 비추었다고 했으므로 '조명'이 알맞습니다. (3) 흥부, 흥부 아내, 놀부, 놀부 아내는 「흥부와 놀부」에 나오는 인물이므로 '등장하다'의 '등장'이 알맞습니다.

1 (1)
| 거 | 탈 | 태 | 것 | 차 |

(2)
| 결 | 원 | 무 | 인 | 과 |

(3)
| 구 | 이 | 기 | 준 | 별 |

2 (2) ○

3 (1) 표시　(2) 결과

4

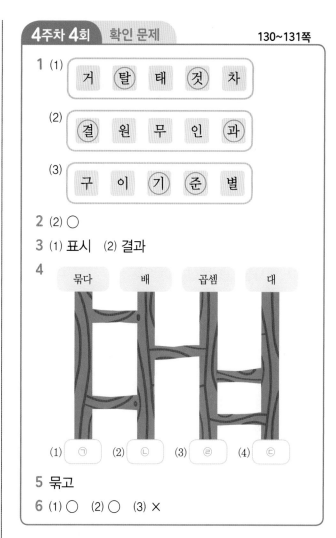

묶다　배　곱셈　대

(1) ⓐ　(2) ⓑ　(3) ⓒ　(4) ⓒ

5 묶고

6 (1) ○　(2) ○　(3) ×

3 (1) 내 생일에 별표를 해 곁에 드러내 보인 것이므로 '표시'가 알맞습니다. (2) 우산을 길이에 따라 나누고 나니 짧은 것은 5개, 긴 것은 3개인 것이므로 '결과'가 알맞습니다.

4 ⓐ은 '곱셈', ⓑ은 '배', ⓒ은 '대', ⓐ은 '묶다'의 뜻입니다.

5 구슬을 3개씩 모았다는 내용이므로 "여럿을 한곳으로 모으거나 합하다."라는 뜻을 가진 '묶고'가 알맞습니다. '묵다'는 "어디에서 손님으로 머물다." 또는 "오래된 상태가 되다."라는 뜻으로 쓰입니다.

6 (1) 5가 3번 거듭된다는 뜻으로 '배'가 알맞게 쓰였습니다. (2) '대'는 차, 악기, 기계 등을 세는 말이므로 알맞게 쓰였습니다. (3) '자루'는 길쭉하게 생긴 연장이나 필기도구, 무기 등을 세는 말이므로 알맞게 쓰이지 않았습니다. 국화꽃을 셀 때에는 꼭지에 달린 꽃이나 열매 등을 세는 말인 '송이'를 사용해야 합니다.

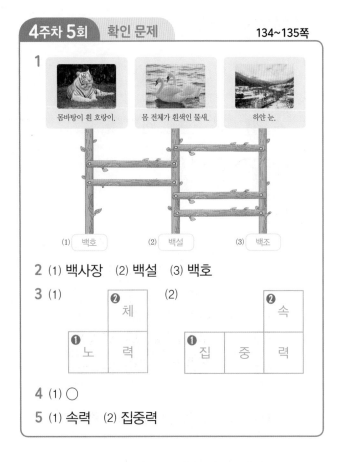

몸바탕이 흰 호랑이.   몸 전체가 흰색인 물새.   하얀 눈.

(1) 백호   (2) 백설   (3) 백조

2 (1) 백사장   (2) 백설   (3) 백호

3 (1)

	❷체	
❶노	력	

(2)

		❷속
❶집	중	력

4 (1) ○

5 (1) 속력   (2) 집중력

---

1 몸바탕이 흰 호랑이는 '백호', 몸 전체가 흰색인 물새는 '백조', 하얀 눈은 '백설'입니다.

2 (1) 바닷가이고 휴가를 나온 사람들로 북적였다고 했으므로 '백사장'이 알맞습니다. (2) 뒷산이 온통 하얀 눈으로 뒤덮여 눈이 부신 것이므로 '백설'이 알맞습니다. (3) 털이 눈처럼 희고 검은 줄무늬가 있는 동물은 '백호'가 알맞습니다.

3 (1) 가로 ❶은 '노력', 세로 ❷는 '체력'의 뜻입니다. (2) 가로 ❶은 '집중력', 세로 ❷는 '속력'의 뜻입니다.

4 여자아이가 열심히 운동한 결과라고 했으므로 ㉠에는 '체력', ㉡에는 '노력'이 들어가야 알맞습니다.

5 (1) 내리막길에서는 자전거의 빠르기가 점점 빨라지므로 '속력'이 알맞습니다. (2) 한 가지 일에 쏟아붓는 힘인 '집중력'이 부족하기 때문에 수업 시간에 딴생각을 하는 것입니다.

---

1 ②	**2** 옷	**3** 용서	**4** ①
5 ⑤	**6** (1) 잃어버린 (2) 잊어버려서		
7 촌	**8** (1) ㉠ (2) ㉢ (3) ㉡		**9** ×
10 ○	**11** ×	**12** 속상	
13 여행	**14** 분류	**15** 감상	

1 ② '결과'는 어떤 일이 끝난 뒤의 상태를 뜻합니다. 어떤 일이 일어나게 하는 일을 뜻하는 낱말은 '원인'입니다.

2 '전통 의상'에서 '의상'은 옷을 뜻합니다.

5 '오누이'는 오빠와 여동생 또는 누나와 남동생을 뜻하며 '남매'와 뜻이 비슷해 서로 바꾸어 쓸 수 있습니다.

6 '잃어버리다'는 "가졌던 물건을 흘리거나 놓쳐서 더 이상 갖지 않게 되다."라는 뜻이고, '잊어버리다'는 "한번 알았던 것을 기억하지 못하다."라는 뜻입니다. 따라서 (1)은 '잃어버린'이 알맞고 (2)는 '잊어버려서'가 알맞습니다.

7 빈칸에는 마을의 뜻을 더하는 '-촌'이 들어갑니다.

8 (1)의 '배'는 앞의 수나 양만큼 거듭됨을 뜻하고, (2)의 '배'는 탈것의 한 종류를 뜻하며, (3)의 '배'는 사람의 몸에 있는 부분을 뜻합니다.

9 '자루'는 길쭉하게 생긴 필기도구, 연장, 무기 등을 세는 말입니다. 차, 악기, 기계 등을 셀 때에는 '대'를 써야 합니다.

11 '개회식'은 회의나 모임 등을 시작할 때 하는 의식을 뜻합니다. 따라서 모든 경기를 끝내고 올림픽을 마무리하는 상황에 쓰는 것은 알맞지 않습니다. 개회식 대신에 회의나 모임 등을 마칠 때 하는 의식을 뜻하는 '폐회식'을 써야 합니다.

12 친구가 흉을 보면 마음이 편하지 않고 괴로울 것이므로 '속상하다'의 '속상'이 알맞습니다.

13 다른 고장이나 다른 나라를 구경하며 다니는 일을 뜻하는 '여행'이 알맞습니다.

14 탈것을 바퀴의 수에 따라 나누었으므로 여럿을 종류에 따라 나눔을 뜻하는 '분류'가 알맞습니다.

15 그림을 즐기고 이해하면서 평가한 것이므로 '감상'이 알맞습니다.

EBS

초등

어휘가 문해력이다

정답과 해설

3주차 어휘 학습 점검

3주차에서 학습한 어휘를 잘 알고 있는지 ✔ 해 보고,
잘 모르는 어휘는 해당 쪽으로 가서 다시 한번 확인해 보세요.

국어

- ☐ 인물의 마음 ·········· 76
- ☐ 짐작하다 ·········· 76
- ☐ 뿌듯하다 ·········· 76
- ☐ 설레다 ·········· 77
- ☐ 낯설다 ·········· 77
- ☐ 다치다, 닫히다 ·········· 78
- ☐ 반드시, 반듯이 ·········· 78
- ☐ 거름, 걸음 ·········· 79
- ☐ 맞히다, 마치다 ·········· 79

마을

- ☐ 마을 ·········· 82
- ☐ 건물 ·········· 82
- ☐ 횡단보도 ·········· 83
- ☐ 골목 ·········· 83
- ☐ 간판 ·········· 83
- ☐ 전시회 ·········· 84
- ☐ 구석구석 ·········· 84
- ☐ 직업 ·········· 85
- ☐ 배달 ·········· 85
- ☐ 장수 ·········· 85

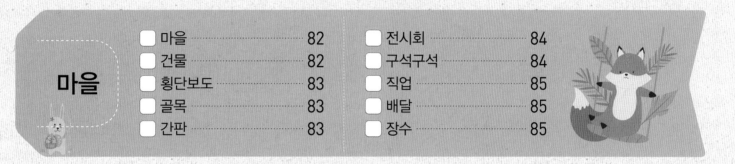

국어

- ☐ 글쓴이 ·········· 88
- ☐ 광고 ·········· 88
- ☐ 중요 ·········· 88
- ☐ 배려 ·········· 89
- ☐ 안내판 ·········· 89
- ☐ 가족회의 ·········· 90
- ☐ 역할 ·········· 90
- ☐ 초대장 ·········· 90
- ☐ 편지 ·········· 91
- ☐ 가지 ·········· 91

수학

- ☐ 재다 ·········· 94
- ☐ 뼘 ·········· 94
- ☐ 단위 ·········· 95
- ☐ 횟수 ·········· 95
- ☐ 불편하다 ·········· 95
- ☐ 1센티미터 ·········· 96
- ☐ 자 ·········· 96
- ☐ 눈금 ·········· 97
- ☐ 약 ·········· 97
- ☐ 어림하다 ·········· 97

한자

- ☐ 온수 ·········· 100
- ☐ 냉수 ·········· 100
- ☐ 수영 ·········· 100
- ☐ 홍수 ·········· 100
- ☐ 학생 ·········· 101
- ☐ 입학 ·········· 101
- ☐ 전학 ·········· 101
- ☐ 학급 ·········· 101

4주차

어휘 학습 점검

4주차에서 학습한 어휘를 잘 알고 있는지 ✔ 해 보고,
잘 모르는 어휘는 해당 쪽으로 가서 다시 한번 확인해 보세요.

초등 2학년 1학기

어휘가 문해력이다

초등 2학년 1학기
학습 확인 붙임딱지

회마다 학습을 끝내고 붙임딱지를 골라 본문 토끼 그림에 붙여 보세요!

스스로 문제를 다 풀어서
자신감이 생겼어요.

참 잘했어요! 훌륭해요!

문제를 해결하려고
최선을 다했어요.

뿌듯해요! 칭찬해요!

틀린 문제가 많아도
어휘 공부가 재미있어요.

신나요! 잘할 수 있어요!

참 잘했어요! (×10)

훌륭해요! (×10)

뿌듯해요! (×10)

칭찬해요! (×10)

신나요! (×10)

잘할 수 있어요! (×10)

1~2주차
이것만은 꼭!
낱말 모음판
붙·임·딱·지

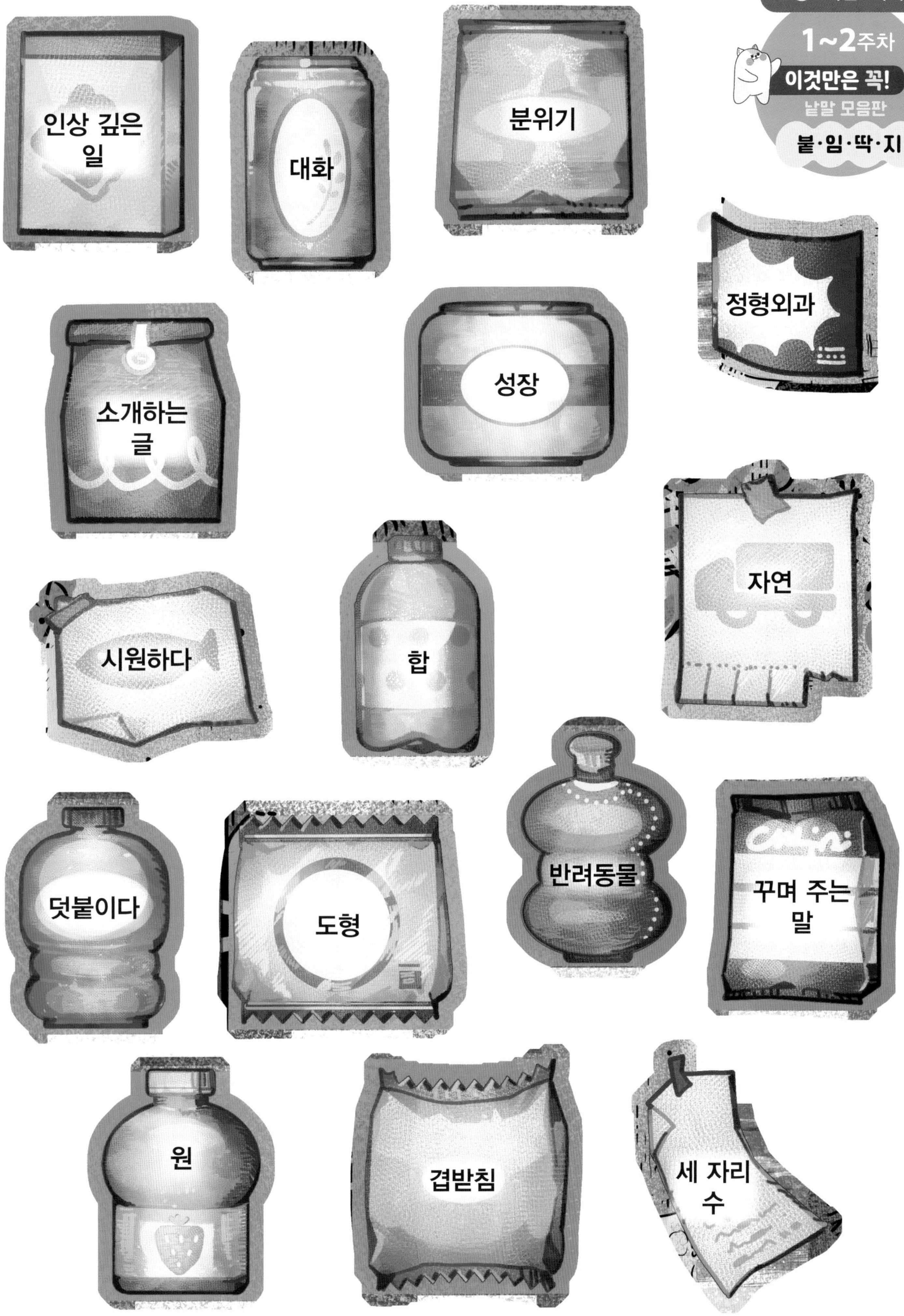
인상 깊은 일
대화
분위기
정형외과
소개하는 글
성장
자연
시원하다
합
덧붙이다
도형
반려동물
꾸며 주는 말
원
겹받침
세 자리 수

편지

배

전통 의상

인형극

직업

잃어버리다

마을

단위

인물의 마음

약

자랑거리

다치다

사과하다

감상

글쓴이

분류

닫히다

이것만은 꼭!

낱·말·모·음·판

뜻에 알맞은 낱말을 붙임딱지를 붙여 자판기를 꾸며 보세요.

사람이 만든 것이 아니라 저절로 생겨난 산, 강, 바다, 식물, 동물 등이 이루는 환경.

담기나 움직이지 않고 알맞게 서늘하다.

근육이나 뼈 등에 생기는 병을 낫게 하는 병원.

백의 자리까지 있는 수.

삼각형, 사각형, 원 등과 같이 점과 선으로 이루어진 모양.

마주 대하여 이야기를 주고받음.

그 자리나 장면에서 느껴지는 기분.

둘 이상의 수를 더해서 만든 값.

어느 쪽에서 보아도 동그란 모양의 도형.

원래 있던 것에 다른 것을 더한다.

사람이나 동물, 식물 등이 자라서 점점 커짐.

뒤에 오는 말을 꾸며 주어 식물을 자세하게 해 주는 말.

'ㄴ', 'ㄹ', 'ㅃ'처럼 서로 다른 두 개의 자음으로 이루어진 받침.

자신이 겪은 일 가운데에서 가장 기억에 남는 일.

남이 잘 모르는 사실이나 내용에 대해 알려 주기 위해 쓰는 글.

가족처럼 생각해 가까이 두고 보살피며 기르는 동물.

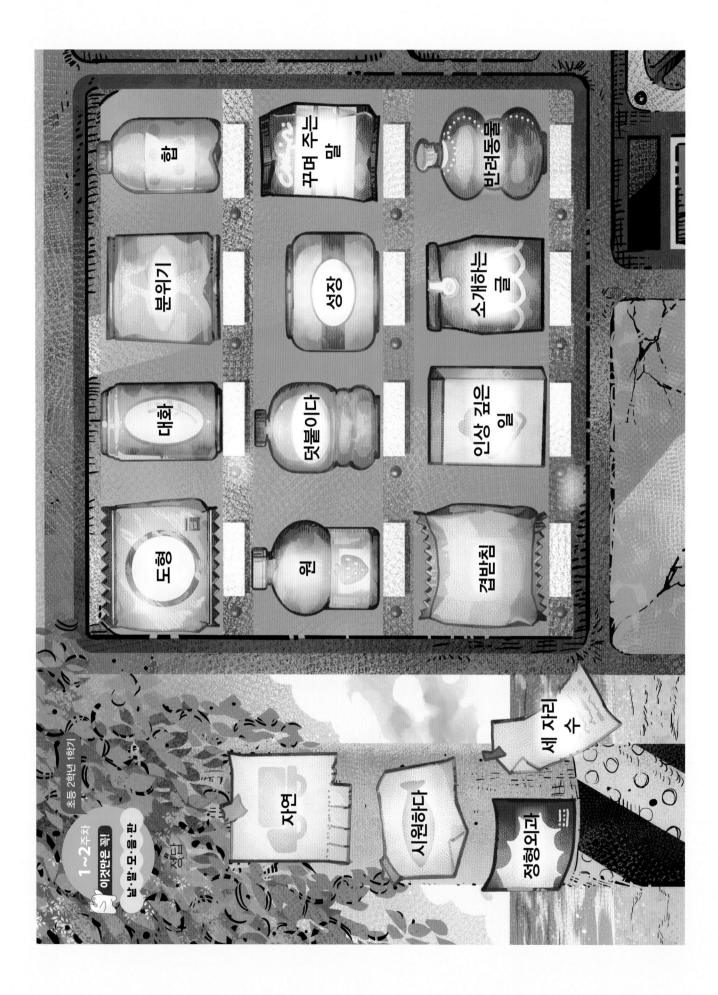

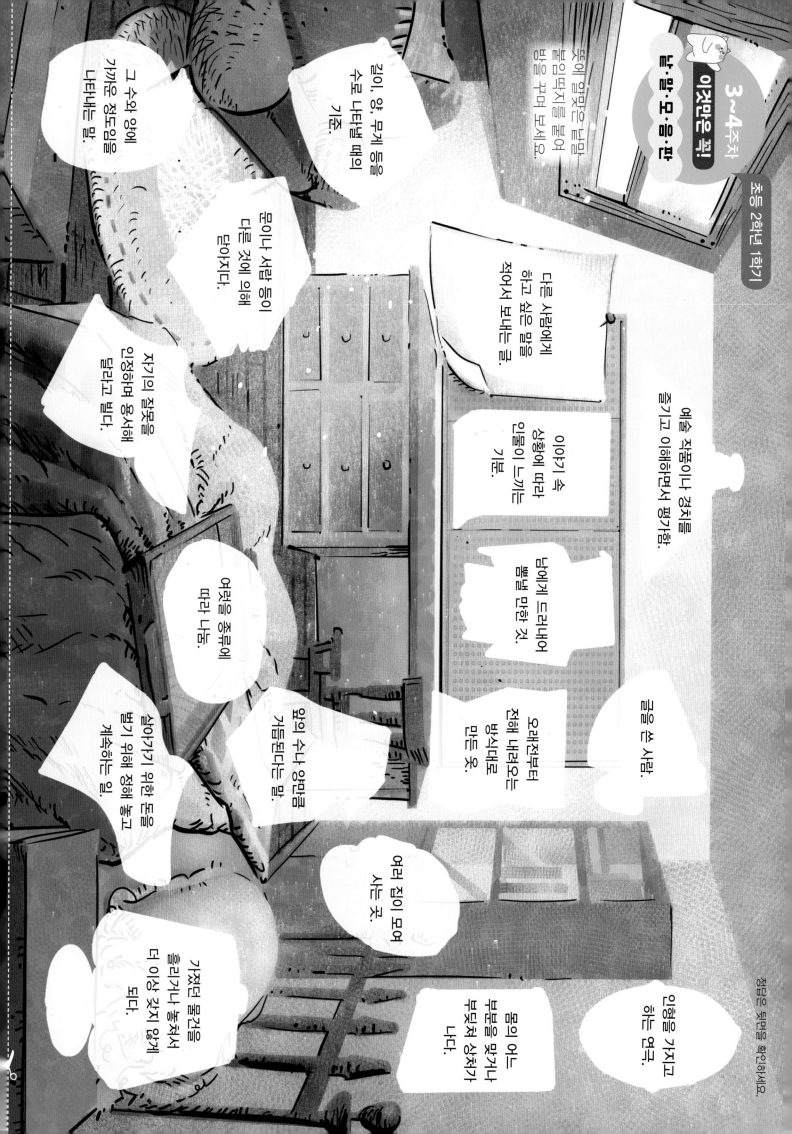